dtv

»Wenn die Kinder klein sind, gib ihnen Wurzeln, wenn sie groß sind, gib ihnen Flügel.« Die Weisheit und Lebenserfahrung, die in diesem Erziehungsgrundsatz stecken, sind auch kennzeichnend für Ursula Neumanns einfühlsames Elternbuch. Darin nimmt sie die klassischen Problemfelder der Kindererziehung in den ersten sechs Lebensjahren in den Blick, greift Erziehungsfragen wie Trösten, Toleranz, Trotz auf, die sich in einem Elternleben alle einmal stellen. Diese beantwortet sie undogmatisch und lebensnah, anhand von exemplarischen Szenen und Beispielen aus ihrer langjährigen Erfahrung als Psychotherapeutin für Kinder, Jugendliche und Familien sowie als Erziehungsberaterin. Besonders Augenmerk richtet sie dabei auf das Innenleben und die reiche Gefühlswelt von Kindern, die sie den Erwachsenen überzeugend nahebringt. Gerade diese Nachvollziebarkeit und Unaufdringlichkeit machen Ursula Neumanns Ratgeber zu einem sympatischen und gewinnbringenden Lesebuch für Eltern und andere Erziehende.

Ursula Neumann ist Psychotherapeutin für Kinder, Jugendliche und Familien, Erziehungsberaterin und Supervisorin. Nach langer klinischer Tätigkeit arbeitete sie viele Jahre als Leiterin einer Münchner Erziehungsberatungsstelle, danach in freier Praxis. Sie lebt in Gauting bei München.

Ursula Neumann

Wenn die Kinder klein sind, gib ihnen Wurzeln, wenn sie groß sind, gib ihnen Flügel

Ein Elternbuch

Deutscher Taschenbuch Verlag

Ungekürzte Ausgabe
August 2001
Deutscher Taschenbuch Verlag GmbH & Co. KG,
München
www.dtv.de
© 1997 Kösel-Verlag GmbH & Co., München
Umschlagkonzept: Balk & Brumshagen
Umschlagfoto: © IFA Bilderteam/IT TPL
Gesamtherstellung: Druckerei C. H. Beck, Nördlingen
Gedruckt auf säurefreiem, chlorfrei gebleichtem Papier
Printed in Germany · ISBN 3-423-36241-3

Für Chiara-Franziska,
einem Kind unserer Zeit

Inhalt

Geleitwort

$\mathcal{S}$eit Sigmund Freud vor 100 Jahren seine psychoanalytischen Theorien entwickelte, besteht in den einschlägigen Schulen die übereinstimmende Auffassung, dass die Grundlagen für psychische und psychosomatische Erkrankungen in den ersten fünf bis sechs Lebensjahren gelegt werden. In den letzten Jahrzehnten hat sich das Augenmerk verstärkt auf eine systemische Sichtweise verlegt, die den Einzelnen in seinem unlösbaren Zusammenhang mit seiner Familie zu verstehen beginnt. Es liegen heute detaillierte Erkenntnisse darüber vor, dass es nicht nur Vater und Mutter als Einzelpersonen sind, die die Erlebens- und Verhaltensweisen ihrer Kinder bestimmen, sondern mit entscheidend die Familie als System.

Der Vorteil der analytischen Kinder- und Jugendlichentherapie besteht darin, dass der Psychotherapeut seinen Klienten in dessen Familie kennen lernen kann. Die Autorin steht seit langem dafür ein, dass bei auftretenden Erziehungsfragen im Erstkontakt möglichst die ganze Familie einzubestellen ist. Bei jungen Klienten lassen sich auffällige Verhaltensweisen und sich anbahnende Fehlentwicklungen direkt im Status nascendi angehen. Bei Erwachsenen hingegen finden wir verhärtete Symptome und erhebliche Einschränkungen ihrer Handlungsweisen vor.

In diesem Buch wird der Interessierte zahlreiche anregende und nachdenkenswerte Beispiele zu diesem Thema finden. Es ist wichtig, sich über die breite Palette neurotischer Entstehungsursachen zu informieren. Solche Informationen werden für Eltern, für Erzieher und auch für Lehrer von Nutzen sein. Dazu ist dieses

Buch geradezu eine Fundgrube. Darüber hinaus kann sich jeder, der mit Kindern zu tun hat, ein vertieftes Verständnis vom kindlichen Erleben und Verhalten holen. »Über das Erziehen« ist in Elternbüchern lange nicht so konstruktiv nachgedacht worden. Dieses Kapitel endet nicht mit Auflagen, sondern mit einem Angebot an Fragen.

Die Autorin berichtet erlebnisnah von ihren Erfahrungen, die sie 13 Jahre in einer klinischen Tätigkeit, 14 Jahre in zwei Erziehungsberatungsstellen und während ihrer langen psychotherapeutischen und beratenden Praxis mit Kindern, Jugendlichen und Erwachsenen gesammelt hat.

Dieses hier vorliegende »psychologische Lesebuch«, wie es die Autorin selbst nennt, lässt den Leser unmittelbar in die Innenwelt von Kindern hineinsehen, besonders auch da, wo Kinder im gewohnten Kontakt ihre Aussagen verweigern. Die Autorin macht es auch dem hellhörigen Erwachsenen möglich, sich selbst in seinem Umgang mit dem Kind genauer sehen zu lernen. Dadurch wird das Buch dort zu einem Ratgeber, wo andere Publikationen sich mit äußeren Beschreibungen begnügen.

Gauting, im Sommer 1996

Prof. Dr. Wolfgang Zander

*Die eigentlichen Entdeckungsreisen bestehen
nicht im Kennenlernen neuer Landstriche,
sondern darin, Dinge mit anderen Augen zu sehen.*

Marcel Proust

Worum es geht

*A*uf den meisten Seiten dieses Buches, liebe Leser, werden Sie Alltagsbeispiele über Kinder und ihre Eltern lesen. Die Anregung für dieses Buch haben mir zahlreiche ehemalige Klientinnen gegeben. Die Mütter von damals erhoffen sich für ihre inzwischen erwachsenen Kinder eine Unterstützung, die den jungen Müttern und Vätern helfen kann, sich in der unsichtbaren Seele ihrer Kinder immer besser auszukennen.

In diesen Alltagsbeispielen versuche ich aufzuzeigen, dass unser Denken und Tun immer auch von unserer Seele, unseren Gefühlen mitbestimmt ist. Wer sich in seinem Seelenhaushalt einigermaßen auskennt, profitiert davon nicht nur für den Umgang mit seinen Kindern, sondern kommt auch mit sich selbst besser zurecht als ein »Seelenblinder«. Es soll Sie nicht entmutigen, wenn ich hinzufüge, dass das Vertrautwerden mit sich selbst ein Leben lang andauert. Sie werden schnell verstehen, warum das gar nicht anders sein kann. Kein Mensch kann nämlich einem anderen ins Herz schauen und auch nicht in das eigene. So sind wir nun einmal angelegt. Darum macht es keinen Sinn, hier auf Wissen oder Objektivität zu pochen. Die Frage »Wie konntest du nur ...« darf sich auch ein erwachsener Mensch stellen, wenn er registriert, etwas getan zu haben, was er gar nicht tun wollte.

Er kann sich sogar dazu entschließen, seine unfreiwilligen Worte und Handlungen nicht einfach beiseite zu schieben. Sie gehören schließlich zu ihm. Wir können dadurch aufmerksam werden auf das, was uns von innen her zu solchen Reaktionen treibt, die wir im Nachhinein vielleicht bedauern. Meist sagen sie uns darüber etwas aus, wie wir halb bewusst oder auch unbewusst zum Gegenüber stehen. Im Innern melden sich nicht nur Gefühle und vitale Impulse, sondern auch Gedanken und Fantasien. Wie reich das Innenleben sein kann, werden viele Leser schon an ihren bunten Träumen entdeckt haben. Auch ohne therapeutische Aktionen lassen sich manche Schleier, die über dem Inneren lagern, lüften – vorausgesetzt, der Leser meint es gut mit sich und riskiert es, auch sein Inneres bewusst in sein Leben zu integrieren.

Mit dem Leitspruch zu Beginn dieses Kapitels möchte ich ermutigen, auf Entdeckungsreise zu gehen. Für seinen Autor, den französischen Dichter Marcel Proust, können diejenigen Menschen wesentliche Entdeckungen machen, die innerlich bereit sind, Dinge mit anderen Augen zu sehen. In diesem Buch geht es nun nicht um Dinge, sondern um Menschen. Es geht zum Beispiel darum, den jungen oder auch erwachsenen Menschen nicht immer mit den gleichen Worten zu charakterisieren. Wer immer die gleichen Worte, etwa »unfreundlich«, »egoistisch« oder »grotesk«, für das Verhalten eines anderen gebraucht, engt sich in seinem Blick empfindlich ein und gibt dem anderen keine Chance für Veränderungen. Sehen Sie sich einmal Fotos aus Ihren Lebensstufen an. Sind nicht gerade Wandel und Veränderung Symbole des Lebens?

Ich möchte ermutigen, sich auf »fremde« Kinder und »fremde« Erwachsene einzulassen. Es sind Kinder aus ganz normalen Familien, auch wenn wir sie Problemkinder nennen. Manche Problemkinder werden besonders offenkundig machen, wie sich Ängste und Unsicherheiten auswirken können. So unerwartet es klingen mag, gerade deutliche Auffälligkeiten zeigen meist eine gesunde vitale Abwehr gegen eingeschränkte Lebensfreude an. Vorhandene Lebensenergien sind gleichsam in falsche Kanäle geflossen und versperren das im Menschen angesiedelte Bedürfnis nach Nähe, Erfolg und Selbstwerdung.

Mein Beruf bringt es mit sich, in ungezählten Stunden mit Kindern, Jugendlichen und Erwachsenen bekannt zu werden. Bekannt aber nicht im üblichen Sinn. Ich lerne den Menschen auf dem Weg zu seinen Ängsten und Sehnsüchten kennen, in seinem Zorn und seiner Traurigkeit, in seinen Beziehungsschwierigkeiten. Ich lerne den Menschen durch den Menschen kennen. Psychologische und pädagogische Fachbücher sind mir dabei bis heute eine brauchbare Hilfe geblieben. Sie sind wie Landkarten nützlich, auch wenn Landkarten das Land selbst nicht zeigen können.

Eltern zu sein hat sich in den vielen Jahren meiner Tätigkeit gewandelt, ich habe dazugelernt. Wichtig war mir in diesem Buch vor allem die Aufnahme aktueller Fragestellungen, die sich zum Teil deutlich von den Fragen unterscheiden, die noch vor 15 oder 20 Jahren gestellt wurden. Zum Beispiel die Fragen, ob schon Kinder Konflikte haben können, ab wann und wie man ihre Intelligenz fördern solle und was Schulreife ausmacht. Auch zum heutigen Kindergarten habe ich ein eigenes Kapitel geschrieben, da mir die Beziehung zwischen dem nun rechtlichen Anspruch auf einen Kindergartenplatz für alle Kinder und der individuellen Förderung des Einzelnen mehr als diskussionswürdig erscheint.

Viel Zeit habe ich für die Erstellung des pädogogischen Kapitels *Über das Erziehen – ein unendliches Thema* verwendet. Noch immer scheint mir das kleine Kind in seinen ersten fünf bis sechs

Lebensjahren der am wenigsten verstandene Mensch. Das hängt unter anderem damit zusammen, dass vielen Erwachsenen diese ersten Lebensjahre wie eine Landschaft im Meer versunken sind und dass sie sich dadurch wie Fremdlinge diesen Kindern gegenüber vorkommen und sich auch so verhalten. Sie können oft spontan nicht viel mit ihnen anfangen. Der moderne Mensch fühlt sich nicht selten durch kleine Kinder um seine Zeit betrogen. Er ist gewohnt, mit Vernunft und Argumenten seinem Gegenüber zu begegnen. Kinder fordern uns aber auf andere Weise heraus. Ihre wachsende Lebenskraft, ihre Freude am Tun und Ausprobieren und ihre Neugier auf diese Welt führen sie zu ständig wechselnden Aktionen, die sich so gar nicht voraussehen lassen. Kinder kennen die geschriebenen und ungeschriebenen Gesetze unserer Kultur und unserer Gesellschaft noch nicht. Über lange Zeit verlassen sie sich darauf, »König« in dieser Welt zu bleiben und nur ihren eigenen Impulsen nachzugehen. Zugleich schenken sie uns den Glauben an unsere Autorität. Sie lernen sich uns anzuvertrauen und bewerten die Erwachsenen als Weltenkenner. Sie sind jedoch auch ausgestattet mit Gefühlsantennen, die dem Erwachsenen vielfach verloren gegangen sind. Und mit dieser Mitgift dringen sie in unser Inneres ein und erspüren mit der Sicherheit eines Seismografen, wie wir zu ihnen stehen.

Die folgenden Kapitel möchten dazu beitragen, kleine Kinder wieder neu und mit anderen Augen zu sehen. Jeder Leser kann nur für sich entscheiden, was er durch den erweiterten Blick auf Kinder in seinem pädagogischen Umgang nutzen will und wie er das bewerkstelligen soll. Psychologie ist eine Hilfswissenschaft, psychologische Fachkräfte sind austauschbar. Eltern sind nicht austauschbar. Erziehen kann immer dann gelingen, wenn sich die persönlichen Beziehungen zwischen Eltern und Kindern in einem Klima menschlicher Begegnung und gegenseitiger Hilfestellung entwickeln. Eltern bleiben auch dann Experten im Erziehungsfeld, wenn sie auf Hürden stoßen.

Die Leser*innen* bitte ich im Übrigen, sich im »Leser«, im »Erzieher« und »Lehrer« gut aufgehoben zu fühlen. Mein Sprachgefühl sträubt sich gegen ein angehängtes »Innen«. Hat sich dadurch die Gleichstellung von Mann und Frau wirklich verbessert?

Hier abschließend möchte ich den Müttern danken, die mich angeregt haben, dieses Buch zu schreiben. Mein Dank gilt auch Dr. Ursula Riechers, die mit großer Sorgfalt und anregenden kritischen Bemerkungen mein Manuskript gelesen hat. Besonderen Dank bin ich Lieselotte Herz schuldig, die mit unermüdlicher Ausdauer meine zum Teil nicht nummerierten Manuskriptseiten geordnet und meine handschriftlichen Veränderungen mit Erfolg entziffert hat. Mit großer Freude denke ich an das anregende Anfangsgespräch mit der Lektorin Dagmar Olzog, das mich eine gute Zusammenarbeit vorausahnen ließ. Heute danke ich nun für die gemeinsame Arbeit.

Noch ehe das Kind
geboren ist ...

*W*enn junge Eheleute das erste Kind erwarten, sprechen sie selbstverständlich davon, wie es wohl sein wird und wie es werden sollte. Wünsche in Bezug auf Begabung, Aussehen und Geschlecht melden sich an. Die Wünsche können sich auch zu Riesenwünschen auswachsen. Das Kind muss dann Spitzensportler werden, ein Pianist oder vielleicht sogar ein Minister. Ebenso selbstverständlich stellen sich Befürchtungen ein. Was bleibt an Zeit für mich übrig? Wie weit muss ein Kind eine Hauptperson bleiben? Das ganz normale Hin und Her der Gefühle kann bei manchen Frauen dazu führen, schon vor der Geburt des Kindes den inneren Beschluss zu fassen, nur auf kürzeste Zeit auf Gewohnheiten zu verzichten und für Einschränkungen bereit zu sein. Männer, und auch die, die »gute« Väter werden wollen, sind da meist besser dran. Sie haben als Schutzschild gegen neue Aufgaben und Einschränkungen ihre Berufsarbeit vorzuweisen. Das viel gebrauchte Wort vom Partner, zu dem das Kind von Anfang an erzogen werden soll, macht auf diese Zwiespältigkeit der Gefühle aufmerksam. Jedes Wort hat seine Hintergründe. Immer ist es auch so etwas wie eine Maske für Verborgenes. Auf seiner Vorderseite zeigt das Wort »Partner« die Moderne an. Es wird dann als Symbol für die Gleichwertigkeit von Kind und Erwachsenem verstanden. Das Kind ist dann nicht weniger wert als ein Erwachsener. Das Kind ist aber anders, sehr anders. Seine Entwicklungsstufe ist völlig verschieden von der eines Erwachsenen. Sie ist deshalb aber nicht weniger »reif«.

Ein Säugling ist so reif wie ein Säugling. Ein Kleinkind ist so reif wie ein kleines Kind. Wer Reife nur dem Erwachsenen zuerkennt, geht über unauflösliche Gegebenheiten des Lebens hinweg. Das hängt oft damit zusammen, dass wir Selbstverständlichkeiten gar nicht mehr recht wahrnehmen. Zu diesen Lebensgesetzen gehört die Tatsache, dass zur gleichen Zeit immer mehrere Generationen miteinander und nebeneinander leben und sich »aushalten« müssen. Säuglinge, Kleinkinder, Jugendliche, junge und alte Erwachsene unterscheiden sich nicht nur in ihren äußeren Erscheinungen. Sie haben auch ihr eigenes Verständnis von sich selbst und der Welt. Es kann hilfreich sein, das Reifen als einen Prozess zu verstehen und nicht als einen Zustand. Wir kommen in einem späteren Zusammenhang auf diesen Aspekt zurück.

Mit dem Begriff »Partner« können insgeheim auch Ängste vor der neuen Verantwortung verbunden sein, etwa vor der Angst, über lange Zeit in das Leben des Kindes eingebunden zu sein. »Partner« kann dann zum Symbol für den bewussten oder auch nicht bewussten Wunsch von Mutter und Vater werden, das Kind möglichst schnell zu verselbständigen. Es wird mit diesem Wort »Partner« gleichsam aufgewertet. Die heutige Kleidung für Babys und Kleinkinder scheint mir unter anderem diesem Wunsch Rechnung zu tragen. Sie unterscheidet sich häufig weder in ihren Farben noch in ihrem Design von der der jungen Erwachsenen. Gerade bei einem ersten Kind sind solche Ängste der Eltern gut verständlich. Auch Erwachsene erleben angesichts von neuen unbekannten Aufgaben Angstgefühle. Der Erwachsene tut gut daran, diese nicht einfach wegschieben zu wollen. Das kann ihm auch gar nicht gelingen. Gefühle lassen sich zwar verdrängen, jedoch nicht ausscheiden. Wer sie zulassen kann, das heißt mit sich selbst oder einem anderen über sie spricht, lernt sich wieder ein wenig mehr kennen und das wird ihm auf dem langen Weg der Bejahung seiner persönlichen Schwächen und Stärken helfen. Diese Ängste haben immer auch mit dem zu tun, was wir Zeittendenz nennen. Wir sprechen zu Recht von einer individualistischen Gesellschaft. Trotzdem neigen nicht wenige Menschen dazu, dasjenige, was alle machen oder denken, als richtig aufzuwerten. Auch Individualisten brauchen in manchen Bereichen die Zustimmung einer Gruppe, der Gleichdenkenden, gleichsam als Tragebehälter, in dem sie sich aufgehoben fühlen können. Und dieses Zugehörigkeitsgefühl gibt keinen Anlass, über die Qualität von Mengen nachzudenken. Mengen beziehen sich auf die Anzahl, nicht aber auf die Qualität.

Wer gewohnt ist, sich nur um sich selbst zu kümmern, dem wird es natürlich schwer fallen, sich auf die Verantwortung für ein Menschenkind einzulassen. Verantworten heißt: auf einen anderen zunächst hören, um ihm dann antworten zu können. Der »neue« Mensch, das Baby, spricht nicht in der uns geläufigen Sprache. Es spricht mit dem Körper, wir nennen das eine »Körpersprache«. Junge Mütter und Väter müssen daher lernen, die so andere Sprache zu übersetzen und zu verstehen. Was heißt Weinen oder Schreien, was heißt Nahrungsverweigerung? Da es kein Sicherheit vermittelndes Nachschlagelexikon für diese frühkindliche Sprache gibt, kann es nicht ausbleiben, dass etwa eine Mutter das Schreien ihres Säuglings mit »Ungeduld« übersetzt und der Vater mit »angeborener bayerischer Trinkfreude«. Auch das gehört zu unseren Lebensgesetzen, dass der Mensch vom ersten Tage an auf die »Übersetzungen« oder »Deutungen« seiner Eltern angewiesen ist. So beginnt die menschliche Lebensgeschichte.

Uns interessiert hier die psychologische Frage: Was hat den Einzelnen in seiner Lebenssituation als kommender Vater oder kommende Mutter innerlich bewegt? Wenn ich auch nur wenige Angaben aus Gesprächen mit Eheleuten mitteilen werde, so werden diese dennoch deutlich machen, wie unterschiedlich das menschliche Herz auf das gleiche Ereignis eines ersten Kindes reagieren kann. Wir wollen seelische Wirklichkeit in ihrer Vielgestaltigkeit andeuten und anklingen lassen, dass selbstverständlich auch der erwachsene Mensch Gefühlskonflikte hat und haben darf. Manchmal trifft man auf die Vorstellung, Erwachsensein heißt keine Konflikte haben und mit allen Problemen des Lebens fertig werden. Das ist ganz gewiss eine Fehlvorstellung. Sie wirkt sich besonders misslich auf Kinder aus, denen man vormachen will, dass das wirklich so sei.

Reifung und Harmonisierung der Persönlichkeit sind etwas Relatives. Sie stellen sich nicht proportional zum Lebensalter ein. Sie bestehen wohl vor allem darin, dass der Mensch lernt, sich mit den Grundkonflikten seines Daseins immer konstruktiver und wirklichkeitsgerechter auseinander zu setzen. Insofern ist Reifung ein lebenslanger Prozess.

Lieben Frauen ihre Kinder anders als Männer?

Frau B. berichtet davon, dass sie und ihr Mann sich sehr auf ihr Kind freuen. Sie möchten Literatur genannt haben, die sie auf die kommende Erziehungsaufgabe vorbereiten hilft. Sie ist interessiert an der Frage, ob Mann und Frau in der Betreuung kleiner Kinder austauschbar sind. »Wir sind neugierig zu erfahren, wie wir uns als Mutter und Vater zurechtfinden werden. Mein Mann hat sich vorgenommen, einmal am Tag das Kind selbst zu füttern und zu versorgen, weil er verhindern will, dass es zu einem Mutterkind heranwächst.«

Mit ihrem Mann lässt sich gut reden. Er ist Realschullehrer und Biologe. Er hat sich vielleicht mehr mit den Fragen der kommenden Vaterschaft beschäftigt, als das gewöhnlich zu geschehen pflegt. Lächelnd und selbstverständlich kann er davon sprechen, dass er nicht frei von Eifersuchtsgefühlen sei. Bisher hat er geglaubt, solche Gefühle seien eine Angelegenheit von Kindern oder sehr jungen Menschen. Den Wunsch, sein Kind nicht zu eng an die Frau gebunden zu wissen, sieht er selbst im Zusammenhang mit seiner persönlichen Lebensgeschichte: »Noch heute als verheirateter Mann bin ich nicht wirklich frei meiner Mutter gegenüber. Ich bin der Meinung, das kann nur daher kommen, dass kleine Kinder am Anfang ihres Lebens so restlos von ihren Müttern versorgt werden.«

Es ist leicht nachzuvollziehen, dass Herr B. seinem Kind eine ähnliche innere Unfreiheit, wie sie ihn bedrückt, ersparen möchte. Der väterliche »Fütterungsplan« allein wird ihm diesen Wunsch nicht erfüllen können. Ein kleiner Säugling kann weder die Bedingung des Vaters erfassen, die er an die tägliche Versorgung knüpft, noch lässt sich auf diese Weise vorschreiben, wie er in Zukunft seine Zuneigung an Mutter und Vater verteilen wird. Von der frühen, sehr engen Mutter-Kind-Beziehung, welche die Voraussetzung für die Liebesfähigkeit des Menschen ist, werden wir später hören. Nur eines soll schon hier gesagt werden: Kinder, die an der Mutter lieben gelernt haben, lernen auch ihre Väter lieben – vorausgesetzt, dass ihre Väter sich väterlich verhalten.

Noch an anderer Stelle melden sich bei Herrn B. Eifersuchtsgefühle. Er befürchtet, seine Frau könne sich infolge der innigen körperlichen Verbundenheit mit dem heranreifenden Kind dem Säugling so intensiv zuwenden, dass für ihn wenig Zeit übrig bleibe. »Das Kind ist wie ein Stück von ihr, das muss doch eine besondere Nähe zum Kind bringen.« Dürfen Frauen ihre Kinder eigentlich anders lieben als Männer?

Diese Frage führt zu Gefühlsproblemen, die auch heute bei der angestrebten Gleichstellung von Mann und Frau zwischen den Geschlechtern bestehen. Wir sind immer noch kräftig dabei, das tief verwurzelte traditionelle Denken vom höheren Wert des Mannes und seinen spezifischen Aufgaben als kulturgeschichtliches Phänomen zu entlarven. Dennoch kommen wir nicht daran vorbei, dass es Unterschiede von Mann und Frau gibt, und zwar biologische Unterschiede. Sie wirken sich selbstverständlich auf das Erleben von Mann und Frau aus und haben darum auch gewisse charakterologische Unterschiede zur Folge. Diese Unterschiede können in unserem heutigen Verständnis des Menschen nicht ausschließlich den biologischen Gegebenheiten zugeordnet werden.

Die Beziehung der Frau zu ihrem Kind darf anders sein als die des Mannes zum Kind. Es gibt väterliche und mütterliche Liebesformen. Mann und Frau sind gerade für die Betreuung des kleinen Kindes nicht ohne Schwierigkeiten austauschbar. Neun Monate lang hat die Frau ihrem heranreifenden Kind gegenüber eine lebenserhaltende Funktion. Ohne ihren weiblichen Schoß wächst es nicht heran. Diese lebenserhaltende Funktion währt weit über den Tag der Geburt hinaus. Die meisten Frauen haben keine Probleme damit, auch nach der Geburt dem Kind das zu geben, was es zum Leben braucht, seine elementaren Bedürfnisse zu stillen und zu befriedigen, ohne Bedingungen an das Kind zu stellen. Sie lassen sich unmittelbar anrühren von der natürlichen Hilflosigkeit des kleinen Kindes und spüren, dass es auch nach der körperlichen Loslösung existenziell auf sie angewiesen ist.

Herr B. sieht sehr konkret voraus, dass die Ehe, eine Gruppe von zwei Menschen, unter anderen psychologischen Vorzeichen steht als eine Familie, eine Gruppe von drei oder mehr Menschen. Er wird nun bald am Abend nach seiner Arbeit nicht mehr zu einem, sondern zu zwei Menschen heimkehren. Seine Frau wird erfüllt sein von den Beobachtungen und Entwicklungsschritten ihres Kindes, sie wird ihm davon mitteilen wollen. Er selbst möchte – seine Frau hat davon berichtet – einmal am Tage sein Kind versorgen. Das wird Zeit kosten. Ein kleines Kind begrenzt die Unternehmungen von Mann und Frau, macht beide unbeweglicher in ihren Plänen.

Die Wandlung einer Ehe zur Familie geschieht nicht an einem Tag. Sie braucht Zeit und ganz gewiss den guten Willen beider

Ehepartner. Auch das ist Liebe, die ein Kind braucht: dass beide Ehepartner sich um den neu zu gestaltenden Alltag bemühen. Sie kann zum Beispiel beim Mann darin bestehen, dass er seine junge Frau nicht als unfähig kritisiert, wenn ihr die Tageseinteilung in den ersten Wochen mit dem Säugling nicht in gewohnter Weise gelingt.

Mit einem nur selten mitgeteilten Problem will ich den Einblick in das, was Herrn B. angesichts des kommenden Kindes innerlich bewegt, beschließen. Erstmals stellt er sich die Frage, ob nicht die vielen geistigen Produkte, die die Männer in die Welt setzen, auch damit zusammenhingen, dass die Männer die Frau als den sehr viel schöpferischeren Teil bei der »Produktion« des Menschen erführen. Herr B. hat darüber gelesen, dass noch bis vor 200 Jahren eine Entstehungstheorie über den Menschen bestanden hat, die uns heute sehr merkwürdig anmutet. Nämlich die Theorie, Männer trügen zur Erhaltung des Menschengeschlechts nichts anderes bei, als den Anstoß für den menschlichen Werdeprozess zu geben. Der Mensch selbst warte vorgeformt im mütterlichen Eierstock auf diesen Anstoß, der durch den Samen erfolge. »Hätte ich damals gelebt, wäre ich mir im Vergleich zu meiner Frau minderwertig vorgekommen. Sicher hätte ich da besonders versucht, nun eben auf geistigem Gebiet produktiv zu werden, um den weiblichen Vorsprung einzuholen.«

Dass auch die Gegenposition zu der genannten Entstehungstheorie unter den Biologen des 17. und 18. Jahrhunderts vertreten war, soll hier nicht verschwiegen werden. Nach ihr käme der Mensch nicht aus den Ovarien der Frau, sondern sei in der Spermazelle des Mannes vorgeformt vorhanden. Die Frau habe lediglich die Aufgabe, dem Miniaturmenschen in ihrer Gebärmutter einen Nährboden zur Verfügung zu stellen, damit er wie in einem Brutschrank geschützt heranwachsen könne.

Erst vor 200 Jahren sind diese Entstehungstheorien wissenschaftlich widerlegt worden. Dass heftige Gefühlsprobleme in Bezug auf die Rangordnung von Mann und Frau mit in diese Theorien hineingewirkt haben, ist leicht zu sehen. Heute sind diese Gefühlsprobleme aber nicht etwa vollständig ausgetragen. Sie zeigen sich, wie wir gesehen haben, in anderen Formen und an anderen Stellen. Mit diesem Exkurs in zwei Entstehungstheorien über den Menschen will ich das erste Beispiel abschließen.

Reichen meine Kräfte aus für das kommende Kind?

In einem zweiten Beispiel hören wir von Gefühlsproblemen einer jungen Frau, die in der hier beschriebenen dramatischen Form nur selten vorkommen. Mir erscheint es dennoch geeignet für unser Bemühen, einen besseren Einblick in die verschiedenartigen Erlebniswelten von Mann und Frau angesichts eines erwarteten Kindes zu bekommen. Gleichzeitig wird an diesem sehr auffälligen Beispiel veranschaulicht, dass der Mensch ein geschichtliches Wesen ist und dass er zugleich die Freiheit besitzt, sich mit der Geschichte seines Lebens fruchtbar auseinander zu setzen. Bereits das ungeborene Kind hat Frau M. einen Anstoß dazu gegeben, sich neu um eine positive Auseinandersetzung ihrer spezifischen Gefühlskonflikte zu bemühen.

Frau M. berichtet besorgt und äußerst beunruhigt darüber, dass sie um die seelische Entfaltung ihres kommenden Kindes fürchtet. Sie sehe voraus, dass sie sich innerlich ihm nicht zuwenden können wird. »Ich habe nie Spaß an kleinen Kindern gehabt. Als junges Mädchen habe ich mir einmal vorgenommen: heiraten – ja, Kinder – nein. Niemandem habe ich davon erzählen mögen, ich hatte ein schlechtes Gewissen.« Die Abwehr gegen kleine Kinder habe sich so gesteigert, dass Frau M. bei ihren täglichen Bahnfahrten in keine Abteile mehr steigen könne, in denen Mütter mit kleinen Kindern säßen. Sie müsse immer denken, diesen Kindern passiere etwas. Und dann sei sie doch verpflichtet, zuzugreifen und zu helfen. Davor habe sie Angst. Schon diese wenigen Sätze werden dem Leser deutlich machen, dass Frau M. in eine erhebliche innere Krise geraten ist. Sie traut sich nicht zu, genügend Kräfte für ihr Kind frei zu haben. Sie muss zwanghaft das Zusammensein mit kleinen Kindern meiden.

Wenn jemand etwas tun »muss«, was er eigentlich gar nicht will, was ihm aber eine innere, unsichtbare Instanz gleichsam vorschreibt, dann ist das ein Signal dafür, dass dieser Mensch Hilfe braucht. Insofern dürfen solche Signale als Chance angesehen werden, auch wenn ihr Alarmcharakter nicht jedem unmittelbar zugänglich sein wird. Dieser Hinweis auf den Signalcharakter ist mir deshalb wichtig, weil heutzutage noch oftmals solche und ähnliche Gefühlsprobleme abgetan werden mit dem Argument, der Mensch könne mit dem Verstand oder mit dem Willen dagegen angehen. Auch bei Frau M. hatten zwei ärztliche Konsultationen bereits zu einem solchen Appell an Verstand und Wollen geführt. Sie hatte nun Scheu, sich erneut vor einem Arzt »bloßzustellen«, wie sie es nannte, um dann hinterher wie ein Schulmädchen mit Aufgaben nach Hause geschickt zu werden, die sie gerade nicht bewältigte und für deren Lösung sie ärztliche Hilfe erbeten hatte. Kein Mensch kann einen Feind besiegen, den er nicht kennt. Es wird zunächst darum gehen, den Feind kennen zu lernen, der vorschreibt, was zu tun und zu lassen ist. Das ist häufig nur mit psychotherapeutischer Hilfe möglich. Frau M. hat diese Hilfe sehr bald mit Erfolg in Anspruch nehmen können. Ihr inzwischen geborenes Kind wächst gesund und froh heran.

Von Sorgen und Ängsten der schwangeren Frau soll hier nicht weiter berichtet werden. Wir werden jedoch etwas der Frage nachgehen, welche Erfahrungen Frau M. bis zu ihrer Schwangerschaft mit kleinen Kindern gemacht hat.

Sie ist als älteste von vier Geschwistern aufgewachsen. Der Altersabstand zum zweiten Kind betrug vier Jahre. Das zweite Kind und auch die dann folgenden beiden Kinder waren Jungen. So kam die nicht leichte Schicksalsaufgabe auf sie und auch auf ihre Eltern zu, als »großes« Mädchen mit drei »kleinen« Brüdern aufzuwachsen beziehungsweise eine große Tochter und drei kleine Söhne zu haben. Diese Geschwisterfolge bekommt nun ein besonderes Vorzeichen dadurch, dass im Elternhaus von Frau M. der pädagogische Leitsatz galt, als Mädchen könne man nicht früh genug damit beginnen, sich in der Fürsorge und Pflege von kleineren Kindern zu üben. Eines Tages werde die große Tochter dafür dankbar sein, sich im Umgang mit kleinen Kindern geübt zu haben. Eine solche moralische Interpretation von frühen Kindespflichten macht die ohnehin schwierige Geschwisterkonstellation noch problematischer. Wie mag Frau M. als acht- oder zehnjähriges Mädchen ihre Geschwister erlebt haben? Hat sie selbstverständlich und unbefangen ihre frühen Aufsichtsaufgaben erfüllen können? Wie werden die kleinen Geschwister – alle drei sind Jungen! – die Autorität der Schwester anerkannt haben?

Frau M. erinnert sich noch an ein Weihnachtsfest, bei dem die Geschenke erst am ersten Feiertag übergeben wurden, und zwar durch ihre Schuld. Sie hatte den Schlüssel zu der Kammer verloren, in der drei große Geschenke, ein Rad und zwei Dreiräder, für die Brüder verschlossen waren. Sie war damals als Zehnjährige in das Geheimnis eingeweiht worden. Sicherheitshalber nahm sie den Schlüssel an sich, damit auf jeden Fall verhindert werden konnte, dass einer der Brüder die Kammer inspizierte. Am Heiligen Abend hatte sie dann den Schlüssel aber verloren, so dass erst am folgenden Tag von einem Handwerker die Tür aufgesperrt werden konnte.

Was im Erwachsenen aus frühen Jahren haften bleibt, hat meist einen besonderen emotionalen Stellenwert für ihn. Auch dem psychologisch Ungeübten wird der Gedanke nicht fern sein, dass Frau M. als Mädchen von zehn Jahren durch die großen Geschenke an die kleinen Brüder irritiert gewesen sein mag, vielleicht auch innerlich dagegen gestimmt. Wenn wir dann hören, dass sie selbst sich an keine eigenen Geschenke zu diesem aufregenden Weihnachtsfest erinnert, wird der gefühlsmäßige Protest gegen die Geschenke, genauer gegen die Brüder oder auch gegen die Eltern, wahrscheinlich. Da wir außerdem erfahren, dass Frau M. als Schulkind kein eigenes Rad besessen hat, sie lediglich das Rad der Mutter benutzen durfte und diese Lösung auch in Ordnung fand, können wir mit Recht erhebliche affektive Probleme mit den Geschwistern vermuten. Kinder verfügen noch über keine emotionalen Kräfte, die sie Besitzregelungen von so unterschiedlicher Art seelisch verdauen lassen. Auch wenn sie äußerlich betrachtet zustimmen, heißt das nicht, dass innere Nöte damit verschwinden. Der verlorene Schlüssel hat an dem damaligen Weihnachtsabend wenigstens etwas von den angestauten Erregungen zum Abfluss bringen können; damit ist aber das innere Problem nicht wirklich gelöst.

Die frühen Erfahrungen mit ihren kleinen Geschwistern spielen in den jetzt aufgetretenen Befürchtungen von Frau M. eine erhebliche Rolle. Wieder kommt infolge der Schwangerschaft eine Lebenssituation auf sie zu, die ihr Verantwortung für einen hilflosen, kleinen Menschen abverlangt. Sie hat für diese Aufgabe sehr spezifische Vorerfahrungen sammeln können. Diese sind zwar im Einzelnen ihrem Gedächtnis entschwunden, aber dennoch in ihre Persönlichkeit eingegangen. Seelische Erfahrungen eines jeden Tages wirken fort auf den folgenden Tag.

War in diesem Beispiel die Unsicherheit über ausreichende innere Kräfte für das kommende Kind besonders drastisch, so taucht ganz sicher bei vielen schwangeren Frauen die Frage auf: Komme ich in der Befriedigung meiner persönlichen Bedürfnisse nicht zu kurz, wenn ich mich ganz dem Kind widme? Wenn ich die Verantwortung für einen heranwachsenden Menschen übernehme, von dem ich weiß, dass er ohne mich nicht leben kann? Die

Frage kann sich bis zur Alternative zuspitzen: Kind oder Karriere? Ich erinnere mich an zahlreiche Frauen, denen die Bedeutung der frühen Lebenserfahrungen erst »viel zu spät«, wie sie es nannten, bewusst geworden sei. Sie fühlten sich selbst etwa in der Lehrerausbildung nur ungenügend über die Bedeutsamkeit der frühen emotionalen Erfahrungen auch im Zusammenhang mit der geistigen Entwicklung für das Kind informiert. Die hier anstehende Entscheidung kann von keiner Wissenschaft gelöst werden. Sie ist immer eine nur persönlich zu vertretende Verantwortung der einzelnen Frau beziehungsweise des einzelnen Paares.

Frauen, die als älteste Kinder unter moralischem Druck sehr früh für ihre kleinen Geschwister sorgen mussten, erleben nicht selten angesichts einer ersten Entbindung gleichsam eine Neuauflage latenter Gefühlsprobleme, die in der eigenen Kindheit nicht produktiv verarbeitet werden konnten. Das Leben ist seit dieser Kindheit weitergegangen. Der erwachsene Mensch hat die spezifische Freiheit, liegen gebliebene seelische Konflikte neu zu verarbeiten. Der hilflose Säugling hat Frau M. unerwartet beglückende Gefühlserfahrungen gebracht, die sie selbst so beschreibt: »Ich sehe die Welt mit anderen Augen, mit den Augen eines Kindes, und das macht sie mir wieder neu und liebenswert.«

Wird er mich wirklich heiraten?

Mit dem letzten Beispiel in diesem ersten großen Kapitel gehen wir auf Gefühlsprobleme von zwei jungen Menschen ein. Angesichts einer ungewollten Schwangerschaft konnten sie nicht mehr über ihre gemeinsame Zukunft reden. Das Verstummen ist hier ein Signal dafür, dass sich beide Betroffene sehr stark von den Fragen herausgefordert fühlen: Welchen Lebensweg haben wir nun vor uns? Wie können wir die neuen Aufgaben bewältigen? Diese Fragen hat ihnen das Leben gestellt, nicht Mutter oder Vater, keine Autorität von außen. Frauen sind aus einem einfachen Grund eher in der Lage, nach konstruktiven Lösungen im Falle einer Schwangerschaft zu suchen als Männer: sie tragen das kommende Kind in ihrem Körper. Daher kann es zunächst nicht verwundern, dass Frauen und Männer auf das gleiche Ereignis unterschiedlich reagieren. Wie sehr sich beide Geschlechter darin auch heute noch unterscheiden, werde ich anhand zweier aufschlussreicher Bücher im folgenden Kapitel beschreiben.

Renate und Hans, beide Einzelkinder, kennen sich 15 Monate, sind heftig ineinander verliebt und deuten diese Verliebtheit als den Anfang ihrer großen Liebe. Sie sind fest davon überzeugt, dass sie erstmals in ihrem jungen Leben das »große Glück« erleben. Für Renate heißt das: allein sein und Einsamkeit sind für alle Zeiten vorbei. Für Hans: ich habe einen Menschen zum Reden und für meine Freizeitinteressen. Sie sprechen schon sehr früh vom Zusammenleben und einer späteren Ehe. Zwei Monate später lerne ich sie kennen. Eine ungeplante Schwangerschaft hat ihre Beziehung so sehr verdunkelt, dass sie nicht mehr wissen, wie ihr weiterer Weg aussehen soll.

Renate hat noch zwei Jahre bis zum Abitur vor sich. Konkrete Berufswünsche habe sie nicht, im Gegenteil, sie wehre sich dagegen, »länger als sechs Stunden täglich eingesperrt zu sein«. Die Schule will sie auf alle Fälle abschließen, sie möchte sich daran auch nicht durch das Kind behindern lassen. Ihr jetzt 20-jähriger Freund steht im dritten Jahr seiner Schreinerlehre und will plötzlich das Abitur nachmachen. Durch seine tägliche handwerkliche Praxis wisse er nun, dass er ein ganzes Berufsleben lang eine solche Arbeit nicht übernehmen möchte.

Hans und Renate sind gewiss ein typisches Paar unserer Zeit. Ungewöhnlich ist aber, dass sie auf Initiative von Renate zu Einzel- und Paargesprächen bereit sind. Sie sind mir auf Anhieb sympathisch und können beide in einem hohen Maß in sich hineinhorchen. Und weil sie sich nichts vormachen wollen, weder sich selbst noch gegenüber dem Partner, tragen sie eine wertvolle Hypothek in sich, die auch ungeplanten Ereignissen zugute kommen kann.

Was sie besonders aneinander gebunden habe, sei ihr »Welthunger«. Sie legen keinen Wert auf 4-Sterne-Hotels oder Diskobesuche, sondern reisen gern mit dem Rucksack und haben großes Interesse, Land und Leute kennen zu lernen. Auch diese hier nur angedeuteten Interessen können als tragender Baustein für ein gemeinsames Leben gewertet werden.

Seit drei Monaten ist nun die Schwangerschaft bestätigt. Seit dieser Zeit erleben sie eine bisher nicht gekannte Fremdheit zwischen sich. »Hans spricht jetzt nie mehr vom Heiraten – ob er mich überhaupt noch haben will?« Renate weiß nicht, ob sie diese für sie »heiße« Frage ansprechen soll. Sie habe schon mehrmals geträumt, das Kind käme nicht gesund auf die Welt. Außerdem mache sie sich Vorwürfe, weil sie ihrem Freund nicht gesagt habe, dass sie die Pille nicht nehme. In ihrer Familie sei nur selten über Sexualität gesprochen worden. Auch sie habe Scheu, mit ihrem Freund über ihre sexuellen Wünsche und Gefühle zu reden. In ihren Augen führten die Eltern eine Scheinehe, Zärtlichkeiten zwischen beiden habe sie nicht beobachtet. Der Vater ginge in seinem Beruf auf. Die viele Arbeit sei für ihn sicher eine gute Gelegenheit, der »toten« Beziehung zu Hause zu entfliehen.

Von Hans sei mitgeteilt, dass er zehn Jahre alt war, als sein Vater ohne eigene Schuld mit dem Auto tödlich verunglückte. Seit dieser Zeit lebt er mit der Mutter allein. Sie ist bei seiner Geburt bereits 38 Jahre alt gewesen, gemeinsame Interessen hätten sich wenig ergeben. Das sei zwischen ihm und dem Vater anders gewesen. Die Mutter sei eine »Leserin«, habe wenig Kontakte zu anderen Menschen. In Finanzen kämen sie beide gut klar. Seit er denken könne, habe sie ihm jedoch zur Auflage gemacht, keinen

»weiteren Kummer« in ihr Leben zu bringen. Welchen weiteren Kummer soll er seiner Mutter ersparen? Hans teilt auf diese Frage mit, dass er schon als Neunjähriger – noch vor dem Tod seines Vaters – beschlossen hätte, Rennfahrer zu werden. Vom ersten selbst verdienten Geld kaufte er sich ein Motorrad und seither quäle sich die Mutter mit der Vorstellung, er könne wie der Vater verunglücken. »Wie geht es Ihnen heute mit der mütterlichen Auflage?« »Seit ich Renate kenne, habe ich meinen Rennfahrer-Wunsch aufgegeben.« Eine solche Aufgabe eines alten Kinderwunsches können wir wohl als Liebesbeweis deuten.

Mit nassen Augen teilt Hans mit, dass er keinerlei Freude über das Kind empfinde. Er fühle sich schlecht dabei und sehe Berge von Einschränkungen und Finanzlasten auf sich zukommen. Wie könne es nur angehen, dass ein Kind schon während der Schwangerschaft sein Weltbild verändert habe? In Gedanken sehe er sich häufig vor einer hohen eisernen Wand stehen, die keinen Blick in das dahinter liegende Land freigebe. »In dieser Verfassung kann ich mich doch nicht für eine Ehe entscheiden.« Er riskierte bisher nicht, über seine Zukunftsängste mit Renate zu sprechen. Sie könnte diese Ängste als mangelnde Liebe deuten und das würde ihn sehr verletzen. »Das Kind kam ohne Absprache und einfach zu früh.« Eigentlich sei es ihm gar nicht recht klar, was ihn so aus der Fassung bringe, »denn irgendwie tut es mir nämlich auch gut, männlich – ich meine zeugungsfähig – zu sein.«

Die ungeplante Schwangerschaft hat zwei junge Menschen in eine Krise geraten lassen, von der sie nicht wissen, wie sie zu lösen ist. Von einer späteren Ehe hatten sie angesichts ihrer gegenseitigen Zuneigung sehr bald gesprochen, über Kinderplanung jedoch nicht. Hans habe wie nebenher einmal gesagt, zu einer Familie gehören für ihn immer auch Kinder. Und wie sich jetzt herausstellt, hat Renate aus diesem Satz das Einverständnis herausgehört, »jegliche Chemie« von ihrem Körper fernzuhalten und in eigener Regie die fruchtbaren Tage zu umgehen. Für Hans hatte dieser Satz eine ganz andere Bedeutung. Er hat mit ihm ausdrücken wollen, dass bis zur Ehe seine Freundin die Verhütung übernehmen müsse. »Bei Frauen ist doch die Pille heute ganz selbstverständlich.«

Wie geht es den Lesern mit dieser knappen Skizze? Ist es nachvollziehbar, dass beide jungen Menschen vor erheblichen Problemen stehen? »Sie haben sich diese ja selbst eingebrockt, nun müssen sie sehen, wie sie damit fertig werden«, ist häufig eine erste Reaktion von den Eltern. Wenn diese andauert, kann sie keine Hilfe sein. Sicher wird verständlich sein, dass Hans und Renate im Augenblick noch unter dem Schock der bestätigten Schwangerschaft stehen und daher nicht sofort mit den Eltern sprechen möchten. Diese müssen aber natürlich möglichst bald von ihrem bereits sehr selbständigen Leben erfahren.

Hans und Renate leiden unter der Widersprüchlichkeit ihrer Gefühle. Sie sagen ja und nein zum ungeplanten Kind und sie sagen ja und nein zu einer festen Verbindung. Renate will auf keinen Fall, dass Hans lediglich aus einem Verpflichtungsgefühl heraus zustimmt. Sie selbst hat sehr beunruhigend erlebt, dass Nähe und Ferne dem gleichen Menschen gegenüber bestehen können. Sie hat nicht gewusst, wie mit diesem Gefühl umzugehen ist. Das Kind soll ausgetragen werden, darin stimmen sie überein. Sie wollen zusammenbleiben. Sie wollen jedoch offen lassen, ob es zu einer Ehe kommt. Sie trauen sich zu, ihren weiteren Weg in gegenseitiger Absprache herauszufinden. Mietgeld für eine eigene Wohnung steht ihnen nicht zur Verfügung. Renate will nicht bei Mutter und Vater bleiben. Hans kann sich vorstellen, dass seine Mutter bereit ist, Renate zu sich zu nehmen. Sie habe immer nur gut über sie gesprochen.

Renate und Hans nehmen ihre zwiespältigen Gefühle wahr. Sie laufen nicht mit offenen Augen in eine innerlich noch nicht bejahte Ehe hinein. Sie nehmen sich vor, den Partner genauer als bisher anzuhören und auch nachzufragen, wenn sie nicht sicher sind, ihn wirklich verstanden zu haben. Eine solche konstruktive Perspektive schon nach wenigen Beratungsgesprächen spricht dafür, dass unser Paar trotz seiner Jugend die Liebe erlebt hat. *Liebe vermag auch den anderen wahrzunehmen.*

Die beiden »Eheleute« sehe ich dann wieder, als ihre Tochter vier Monate alt ist. Sie haben noch vor der Geburt des Kindes geheiratet. »Ich habe mich nicht nur innerlich, sondern auch öffentlich für Renate und unser Kind entschieden.« Renate kann lächelnd berichten, dass sie ihren Traum von einem »6-Stunden-Alltag« ausgeträumt habe. Das Kind brauche sie rund um die Uhr. »Das Kind und ich lernen uns täglich ein bisschen mehr kennen. Es tut meiner Seele gut, es stillen zu können, seine Wärme und vertrauensselige Hinwendung an mich zu spüren.« An seine Schrei-Sprache habe sie sich gewöhnt, auch wenn sie manchmal schwer auszuhalten sei. Ihre Schullaufbahn habe sie unterbrochen, sie könne ja später das angestrebte Ziel nachholen. Sie leben in der Wohnung von Hans, Renate hilft ihrer Schwiegermutter und diese ist bereit, immer einmal für ein paar Stunden das Kind zu versorgen. Hans will noch drei Jahre als Geselle arbeiten, um Geld zu verdienen. Erst dann will er sich für eine weitere Berufsausbildung entscheiden. Ihren »Welthunger« wollen sie erstmals stillen, wenn Susanne drei Jahre alt geworden ist.

Das Kind Susanne ist in ein wohl bedachtes Nest gefallen, das zwei junge Menschen nach heftigen Gefühlsstürmen für sie bereitet haben. Sie haben ihre Konflikte durchgestanden, ihre begonnene Beziehung nicht einfach weggeworfen. Sie haben erfahren und verarbeiten können, dass das Leben und daher auch die Liebe nicht ohne Konflikte, ohne Fremdheit und Widersprüche vor sich gehen. Sie haben nicht das übliche »Gesellschaftsspiel« gespielt, nämlich immer dem anderen die Schuld zuzuschieben nach der Regel: »Nicht ich, sondern du trägst die Schuld, wenn etwas schief geht.« Beide haben das Schicksal »Kind« angenommen und sind dabei, ihre Lebensreise zu dritt weiterzugehen.

So viel wird aus den kurzen Berichten deutlich geworden sein: das Leben eines neuen Menschen bestimmt sich nicht erst von dem Tag, an dem eine Susanne oder ein Peter das so genannte Licht der Welt erblicken. Während der neunmonatigen Schwangerschaft entwickelt sich eine innere Haltung der werdenden Eltern, mit der sie ihr Kind empfangen.

Die vorgeburtliche Entwicklung ist seit geraumer Zeit auch ein Thema der psychologischen Forschung geworden. Dass körperliche Erkrankungen der werdenden Mütter zu Schädigungen der biologischen Reifung des Kindes führen können, ist uns allen bekannt. Wie sich die Auswirkung von positiven und negativen vorgeburtlichen mütterlichen Gefühlen beim Kind bemerkbar macht, ist mir nicht bekannt. Ich spüre ein Unbehagen gegenüber wissenschaftlicher Forschung an dieser Stelle. Kinder bringen so viele offene Fragen an die Eltern und Erzieher heran, dass mein Interesse bisher ganz auf diese Fragen gerichtet war. Unerwartet hat sich meine Abwehr gegen psychologische Forschung am noch ungeborenen Kind seit kurzem gelockert. In einem bis dato noch unveröffentlichten Artikel aus der Sicht der Verhaltensforschung[1] steht geschrieben, dass das noch nicht geschlüpfte Gänschen schon im Ei Gruß- und Weinlaute äußert. Wenn die Mutter auf diese Laute antwortet, lässt das Weinen nach und das Grüßen verstärkt sich. Es beginnen also die ersten Formen des Bindungsverhaltens schon vor dem Ausschlüpfen. Natürlich können diese Beobachtungen an Tieren nicht einfach auf den Menschen übertragen werden. Sie haben mich jedoch zu einer veränderten Nachdenklichkeit über unsichtbare seelische Abläufe im Mutterleib geführt.

Von unfreiwilligen Vätern und schwangeren Männern

*D*ie genannten Beobachtungen in diesem Kapitel stammen aus zwei lesenswerten Büchern[2], nicht aus eigenen Erfahrungen. Meine Anmerkungen dazu werden den Leser auf die dann folgenden Kapitel vorbereiten können. Dass auch Männer auf die bevorstehende Geburt eines Kindes gefühlsmäßig reagieren, wird nicht überraschen. Dass sie über ihre spezifischen Gefühle auch anderen berichten, sie mit anderen teilen können, war bis vor kurzem dagegen noch nicht selbstverständlich. Vielleicht kann dies mit dazu beitragen, von der unseligen Aufteilung in »rationale« Männer und »emotionale« Frauen loszukommen.

Die unfreiwilligen Väter, von denen zunächst berichtet wird, sind Männer, die unbeabsichtigt mit einer Schwangerschaft konfrontiert wurden. Sie haben sich auf psychologische Fragen der Autorin Helgard Roeder eingelassen. Zwei dieser Fragen aus ihrem Buch *Mit einem Kind habe ich nicht gerechnet* greifen wir auf. Die erste Frage lautet: »Wie haben Sie gefühlsmäßig auf die ungewollte Schwangerschaft Ihrer Partnerin reagiert?« Von den vielen Antworten können hier nur einige zusammengefasst mitgeteilt werden.

Für das gemeinsame Kind fühlen sich die meisten Befragten demnach nicht wirklich zuständig. Sie überlassen unausgesprochen die Verhütung eines Kindes ihren Partnerinnen. Sexualität ist für sie nicht mit einem Kinderwunsch verbunden. Ob das Kind dann ausgetragen wird oder nicht, entscheiden weitgehend die

Frauen. Besonders hervorgehoben wird, dass Männer sich auf keinen Fall »von einem Kind zu etwas zwingen« lassen wollen.

Auf diesen letzten Satz gehen wir etwas genauer ein. Er enthält eine heftige emotionale Abwehr gegen Rücksichtnahme und Veränderungen. Das männliche Selbstwertgefühl scheint nicht leicht mit Einordnung und Beschränkung innerhalb einer Familie in Einklang zu bringen sein. Sicher wird sich der eine oder andere Leser dabei fragen, warum diese Männer nicht selbst die Regie zur Verhütung eines Kindes in die Hand genommen haben. Der zitierte Satz kann deutlich machen, wie schwer es ist, mit unseren Triebkräften und ihren begleitenden Gefühlen umzugehen.

In dieser Studie ist weiter zu lesen, dass die Befragten ganz selbstverständlich die Wörter »Gleichberechtigung« und »Partnerschaft« gebrauchen. Gängige Begriffe werden oft zu Modewörtern und prägen sich daher leicht ein. Ob damit auch ihr Sinngehalt verstanden wird, bleibt offen. Bei den unfreiwilligen Vätern blieb jedenfalls nicht mehr viel von ihrer »modernen« Einstellung übrig, als das Kind dann auf der Welt war. Ohne ihren eigenen Widerspruch immer zu registrieren, wechselten sie von einer modernen Haltung in die traditionelle Vaterrolle ihrer Vorväter über, und diese heißt: Die Mutter ist für das Kind zuständig und nicht der Vater. Es soll hier angemerkt werden, dass von der oft ambivalenten männlichen Einstellung zum Kind viele Frauen sehr wenig wissen.

Verliebtheit wird oft mit dem Wort »Blindheit« in Verbindung gebracht. Viele verliebte Frauen gehen »blind«, das heißt mit vielen Illusionen[3] in eine ungesicherte Beziehung und nehmen das Wagnis eines Kindes auf sich. Sie rechnen damit, dass der Partner angesichts einer Schwangerschaft sein Engagement für das Kind schon entwickeln werde. Die Illusionen sind umso größer, je weniger sich die Frauen selbst kennen. Wenn dieses erhoffte Engagement dann aber ausbleibt oder Frau und Kind vom Mann verlassen werden, kommt es zu einem Zusammenbruch der Illusionen und damit zu einer bitteren Enttäuschung. Der eigene Anteil an diesen Illusionen wird zumindest am Anfang nur von wenigen Frauen wahrgenommen. Darum kommt es nicht selten zu Wut- und Rachegefühlen dem entsprechenden Mann gegenüber oder auch allen Männern schlechthin.

Wir nehmen eine zweite Frage auf. Es ist die Frage nach der Beziehung der hier befragten Männer zu ihren eigenen Vätern. Die Leser werden vermutlich erschrecken, wenn sie erfahren, dass 90 Prozent von ihnen ihren eigenen Vater als Vorbild ablehnten. Dieser hohe Prozentsatz muss uns nachdenklich stimmen. Handelt es sich hier etwa um lauter undankbare Söhne?

Wir müssen weiter fragen: Was haben die befragten Männer an ihren Vätern kritisiert? Es war nicht ihre Strenge oder ein unerquickliches autoritäres Verhalten. Sie kritisierten vielmehr ihr fehlendes väterliches Engagement. Sie litten unter der ständigen Abwesenheit als Beweis, dass sie nicht wirklich ernst genommen wurden. Sie fühlten sich übersehen, wie nicht vorhanden. Als positiv wurde ihre materielle Versorgung herausgestellt.

Es handelt sich hier also um keine »undankbaren Söhne«. Sie haben sich als Kinder danach gesehnt, auch vom Vater gesehen, beachtet, getröstet und beschützt zu werden. Und die Sättigung dieser emotionalen Bedürfnisse nach Nähe, Zugehörigkeit und Gesehenwerden bildet das Fundament für die Sicherheit im eigenen Selbstgefühl. Mit dieser Sicherheit kommt der Mensch nicht auf die Welt. Er muss erfahren, dass er in seiner Person wahrgenommen wird. Wir haben es hier mit Grundbedürfnissen des Menschen zu tun. Sie bilden die Grundlage zu einem ganzheitlichen menschlichen Reifen, zu dem ja nicht nur Gewichtszunahme und Körperwachstum gehören. Die alte Wahrheit, dass der Mensch nicht nur vom Brot allein lebt, gilt auch in unserer modernen Welt. Es lohnt sich, sehr genau zu lesen, wonach das Herz der Kinder verlangt. Geld und materielle Geschenke haben die Ablehnung der befragten Väter nicht kompensieren können.

Wir sind aber nicht nur Kinder von Mutter und Vater, sondern immer auch Kinder unserer Zeit. Die Gegenwart lässt sich ohne Zweifel durch ein extremes Konsumverhalten und eine Überbewertung materieller Dinge kennzeichnen. Die Werbung hat uns fest im Griff. Wer sich dem Zeittrend entziehen will, muss eine sichere innere Position beziehen können. Er muss sich unabhängig machen können von dem, was gegen sein Fühlen und Denken spricht. Er muss erkennen können, was seine gegenwärtige Lebenssituation ihm abfordert. Mir sind tatsächlich viele Mütter und Väter bekannt, die kein gutes Gewissen haben, die »Unsitte der Riesengeschenke und Geldzuwendungen« mitzumachen. Sie haben sich ihren Kindern gegenüber verpflichtet gefühlt, sie nicht gegen den Trend der Zeit zu erziehen.

Viele der Befragten haben sehr genau wahrnehmen können, selbst »keine guten Väter« zu sein. Das mag erstaunlich klingen. Wer väterliches Engagement schmerzlich vermisst hat, muss doch in der Vaterrolle seinen eigenen Kindern gleiche Schmerzen ersparen wollen. Unsere Psyche folgt jedoch einer anderen Art von Logik. Wer als Kind das Allein-gelassen-Sein durch den Vater erlebt hat, kommt gefühlsmäßig schwer von diesem tief eingewurzelten Vaterbild los. Die frühen Vaterbilder und natürlich auch Mutterbilder lassen sich nicht einfach auswechseln. Kinder *fühlen* die sie umgebenden Menschen, sie denken nicht über sie nach. Daher können frühe Gefühlserfahrungen nicht »ausgeredet« werden. Und deshalb sind sie für die ersten Lebensjahre auch von besonderer Bedeutung.

So viel zu den unfreiwilligen Vätern. Sicher ist deutlich geworden, dass die Wirklichkeit, in der wir leben, nicht mit einem Blick zu erkennen ist. Seit geraumer Zeit spricht man von der »vernetzten« Wirklichkeit. Damit ist bildhaft ausgedrückt, dass es nicht ausreicht, die Wirklichkeit in Einzelmenschen aufzulösen. Wir werden lernen müssen, in Zusammenhängen zu denken. Den Menschen »an sich« gibt es nicht. Der Einzelne ist unlösbar verbunden mit seiner Familie, seiner sozialen Schicht, seiner Religion, darüber hinaus auch mit der Kulturgeschichte seines Volkes und den jeweiligen historischen Zeitumständen. Wir tun also gut daran, diese Zusammenhänge zu beachten. Damit lässt sich ein Denken entwickeln, nach dem wir auch handeln können.

Dem Werdegang des Vaterbildes kann hier nicht nachgegangen werden. Wer die Verflochtenheit des Einzelnen mit der Familie, seiner persönlichen Lebensgeschichte, seiner kulturellen Vorgeschichte und seinen sozialgeschichtlichen Zusammenhängen außer Acht lässt, gerät in Gefahr, zum moralischen Ankläger zu werden. Mit moralischen Appellen werden wir die Nöte von Eltern und auch die von Kindern aber nicht mildern können.

Im Folgenden geht es um das zweite erwähnte Buch, um *Wenn Mann ein Kind bekommt* von Christian Mayer und Daniela Liebich. Wenn jetzt von »schwangeren Männern« berichtet wird, sind damit natürlich werdende Väter während der Schwangerschaft ihrer Frauen gemeint. Die ungewohnte Wortverbindung soll stutzig machen, soll zur Frage führen, warum diese merkwürdige Koppelung? Das Wort »schwanger« ist hier bildhaft gemeint. Es soll hervorheben, dass auch Männer neun Monate hindurch unerwartete Veränderungen in sich erleben. Diese Veränderungen spielen sich nicht nur in den Köpfen, das heißt in ihren Fantasien und ihren Herzen ab. Im eben genannten Buch lesen wir, dass jeder dritte werdende Vater an psychosomatischen Beschwerden leidet. Das wird nicht sehr verwundern. Es ist heute allgemein bekannt, dass sich innere Konflikte oder Spannungen in körperlichen Symptomen ausdrücken können.

Diese körperlichen Symptome zeigen sich gewöhnlich erstmals im dritten Monat der Schwangerschaft, also in einer Zeit, in der diese nach außen sichtbar wird. Was jetzt sichtbar geworden ist, kann nicht mehr rückgängig gemacht werden. Die damit verknüpfte unbekannte Zukunft kann sehr beunruhigen. Aus ihr kann man sich nicht mehr wegstehlen. Nach der Geburt des Kindes fühlen sich die meisten Männer wieder sehr viel besser.

Für mich neu war zu lesen, dass sich Männer oft intensiver als Frauen mit sich selbst beschäftigen. Ihr eigenes Kindsein wird wieder lebendig. Die Erfahrungen mit Mutter und Vater und auch die Erinnerungen daran, nicht immer mit ihnen einverstanden gewesen zu sein. Solche Erinnerungen drängen zu der Frage, wird das Kind mich anerkennen können?

Die Bereitschaft, in sich hineinzuhorchen, hängt natürlich auch vom Alter der werdenden Väter ab. Wer den Mut aufbringt, sich selbst nichts vorzumachen, kann zu einer neuen Identität mit sich und der neuen Lebenssituation finden. Er kann seine eigenen Eltern bejahen lernen und zugleich eine unabhängigere Beziehung zu ihnen entwickeln. Er kann negative und ängstliche Gefühle ebenso zulassen wie etwa Stolz, nun auch ein Kind gezeugt zu haben. Der in der Regel auch im Mann vorhandene Kinderwunsch lässt sich aus der Perspektive verstehen, eines Tages in seinem Kind weiterzuleben.

Beunruhigend und auch zwiespältig werden die Fragen erlebt: Wie geht es mit meiner Karriere weiter? Werde ich genug Geld verdienen? Wie viel Zeit bleibt für mich persönlich übrig? Wird sich meine Frau nun ganz auf das Kind einstellen? Wird sie mir vorschreiben, wie ich es zu halten, zu füttern oder zu beruhigen habe? Es darf nicht außer Acht gelassen werden, dass manche modernen jungen Frauen bewusst oder auch latent der Meinung sind, sie wüssten immer besser Bescheid, wie mit Kindern umzugehen ist, als Männer.

Vielleicht ist zunächst schwer zu verstehen, dass Männer nur dann, wenn sie unter sich waren, frei über ihre Ängste und Unsicherheiten angesichts der kommenden Vateraufgabe sprechen konnten. In Gegenwart der Frauen schlossen sie sich weitgehend deren Wunsch nach fürsorglichen und paritätisch mitarbeitenden Männern an. Für viele schwangere Männer war die

»Männergruppe« der entscheidende Gewinn für ihre neue Aufgabe. Die Solidarität mit ähnlich beunruhigten Männern hat offensichtlich möglich gemacht, ihre zwiespältigen Gefühle auszusprechen. Schon das allein kann zu einer weiteren Klärung der noch unbekannten Position als Vater führen. Diese Offenheit im Männerkreis spricht für und nicht gegen die Teilnehmer. Sie spricht zugleich für die Veranstalter, die solche Gruppen organisieren.

Wer, wie hier angedeutet, den Einzelnen im Geflecht, in der Vernetzung seiner vielfältigen Beziehungen sehen lernt, wird auch anerkennen müssen, dass der männliche Lebensalltag auf Sachleistung ausgerichtet ist. Gefühle müssen zurückgehalten werden, um dem immer noch rational bestimmten Männerbild zu entsprechen. »Männer leben für das Werk, Frauen wirken für das Leben.«[4] Das war das Leitbild über viele Generationen. Es darf nicht übersehen werden, dass erst seit wenigen Jahrzehnten Männern zugestanden wird, die weiblich abgesicherte Domäne von Schwangerschaft und Geburt zu betreten.

In meinem Verständnis spricht die Offenheit der schwangeren Männer ihren Gefühlen, also ihrer Innenwelt gegenüber für das gelungene Wagnis, auch die weiblichen Seiten in sich zuzulassen. Die Wissenschaft hat seit geraumer Zeit nachweisen können, dass Männer nicht nur männliche Züge und Frauen nicht nur weibliche Züge in sich tragen. Wer es wagt, die Lebensreise in den noch dunklen Teil seines Herzens auf sich zu nehmen, wird zu brauchbaren Veränderungen dem Partner wie auch seinem Kind gegenüber finden. Rigorose Forderungen oder moralische Appelle werden notwendige Veränderungen zwischen den Geschlechtern nicht herbeizaubern können.

Was Kinder innerlich erleben

*W*ie sieht es in der Innenwelt von kleinen Kindern aus? Das ist die eine Frage, die die Auswahl der folgenden kleinen Szenen und Beispiele bestimmt hat. Bisher haben wir von Erwachsenen und ihrer Innenwelt gehört, von Vorstellungen, Befürchtungen und Hoffnungen, die untrennbar verwoben sind mit ihren jeweiligen Lebenserfahrungen. Der Säugling kommt ohne Erfahrungen auf die Welt, sie beginnen aber am *ersten* Lebenstag und sind infolge seiner biologischen Reifestufe unmittelbar gebunden an das, was mit ihm geschieht. An seinem Leib macht er die ersten so bedeutsamen Erfahrungen, und darum wird uns interessieren müssen, wie er diese »Leiberfahrungen« aufnimmt und innerlich verarbeitet. Dass wir nicht wirklich in die Innenwelt des Kindes, eines anderen Menschen und auch nicht einmal in das eigene Herz »hineinsehen« können, darf nicht unerwähnt bleiben. Und trotzdem wird sich uns immer wieder die Frage stellen, was geht wohl innerlich im kleinen, vor allem im noch nicht sprechenden Kind vor sich? Sie erwächst aus dem intensiven Wunsch, den neuen Menschen kennen zu lernen und ihm möglichst gerecht zu werden.

Die zweite uns interessierende Frage heißt: Welche Erfahrungen können jungen Eltern bei ihrer neuen Aufgabe helfen? Viele junge Frauen drängen danach, sich mit anderen Müttern auszutauschen. Darum werden hier viele Erfahrungen von Müttern und auch von Vätern mit ihren Kindern angeboten. Wenn das eine oder andere Alltagsbeispiel extrem anmuten mag, so sollten die

Leser wissen, die hier zitierten Mütter und Väter haben um Hilfe gebeten. Sie selbst waren unglücklich und in großer Sorge, da sie sich für die nicht vorausgesehene Fehlentwicklung mitverantwortlich fühlten. Sie wollten erfahren, was sie verändern könnten und nicht einfach abwarten, bis »irgendwann« einmal das Kind schon von allein sein auffälliges Verhalten aufgeben werde. Eltern, die ihre eigenen Unsicherheiten oder auch Fehler als »normal« erleben, haben meinen vollen Respekt. Sie bleiben nicht bei einer kindlichen Wunschvorstellung stehen.

Nicht wenige junge Mütter holen sich heute »Rat« bei Müttern aus Naturvölkern. Darum ist das Tragetuch dieser Völker immer häufiger bei uns zu sehen. Auch wenn dieses Tragetuch manchmal nur von seinem Schick, seinem so anderen Design gefallen mag, es kann die Nähe der Mutter zu ihrem kleinen Kind fördern. Sie kann es öfter bei sich haben, etwa bei Spaziergängen und Einkäufen, die sich sonst nicht einplanen ließen. Die Tragetuch-Mütter wissen meist nicht viel davon, wie hart, konsequent und einengend die Naturvölker mit ihren Kindern umgehen. Naturvölker leben unter sehr anderen Bedingungen als Kulturvölker. Offensichtlich sehen diese sich auch von der Natur ab, wie mit Kindern in ihrem Lebensbereich umzugehen ist.

Eine ähnlich »modisch-magische« Anziehung scheint mir das Wort »Bezugsperson« zu haben. Dieses Wort unterstellt einen möglichen mütterlichen Ersatz. »Bezug hin – Bezug her«, sagt mir eine junge Frau, »mein Säugling muss pünklich versorgt werden, und ich brauche mein verdientes Geld.« Eine andere Mutter kennt die drei Frauen »eigentlich so recht gar nicht«, die ihre beiden Kinder versorgen. »Sie werden es schon recht mit ihnen machen«. Eine noch sehr junge Frau will nur einen »fremden« Menschen für ihr Kind haben, der bereit ist, es genau nach ihren Angaben zu betreuen. Diese unrealistische Forderung lässt viel Not in dieser jungen Frau vermuten. Sehr viel später kann sie sagen, sie habe Angst gehabt, die Fremde könne es besser als sie mit dem Kind machen und dann könnte die Liebe des Kindes zu ihr kleiner werden.

Ohne Zweifel gibt es viele gute Bezugspersonen, die Hilfe und Entlastung für Mütter und Familien bringen. Mir kommt es hier jedoch auf den Hinweis an, das Wort »Bezugsperson« nicht für die Sache selbst zu halten. Der Qualität »Beziehung« auf die Spur zu kommen ist ein spannendes und lohnendes Unternehmen. Anerkannte Kommunikationsforscher[5] sprechen davon, dass die Beziehungs-Forschung dabei erst am Anfang stehe.

»Futter« macht nicht nur den Magen satt

»Annegret schrie pünktlich wie ein aufgezogener Wecker!« So erinnert sich ihre Mutter sehr genau an die Stillzeit bei ihrem ersten Kind. Alle vier bis fünf Stunden meldete es seinen Hunger an. Trinken und Sattwerden waren für Annegret sichtbar eine große Freude. Sie strengte sich auch ordentlich an, um ja genug zu bekommen. Die Mutter hatte ihrerseits Freude am Stillen. Es tat ihr gut, dass diese neue Aufgabe so mühelos gelang, zumal ihr am Anfang ein wenig bange davor gewesen war. Sie empfand sehr deutlich, dass sich über das gute Zusammenspiel von Geben und Nehmen, von Sattmachen und Sattwerden eine warme, entspannte Gefühlsbeziehung zwischen ihr und ihrem Kind entwickelte.

Beim zweiten Kind läuft das Stillen nun sehr schwierig ab. »Karin ist ein so ganz anderes Kind.« Sie halte sich nicht an die Zeiten, schreie viel zwischen den Mahlzeiten und brauche obendrein fast die doppelte Zeit zur gleichen Menge wie die erste Tochter. Die Mutter geht schon immer mit Unruhe an das Füttern heran. Sie ist leicht gereizt, weil Karin nie die gleiche Zufriedenheit auf ihrem Gesicht zeigt, wie sie es bei ihrem ersten Säugling beobachtet hat. Ihr ist das unverständlich. Sie gehe beim zweiten Kind doch nicht anders vor als beim ersten.

Tut die Mutter das wirklich nicht? Von außen betrachtet – nein. Sie versorgt das zweite Kind wie das erste selbst. Sie hält sich beim Nähren an die gleichen Zwischenzeiten und kann es wie die erste Tochter stillen. Aber dieser Blick auf das äußere Verhalten reicht noch nicht aus, um die »ganze Wirklichkeit« zu erfassen. Zu ihr gehört immer auch das, was Mutter und Kind innerlich erleben. »Karin ist ein so ganz anderes Kind.« Die Mutter hat das wohl bemerkt. Es kann auch gar nicht anders sein, ein zweites Kind wird sich immer vom ersten unterscheiden. Jedes Kind kommt als Individuum auf die Welt. Darum muss die »gleiche Behandlung« von zwei Menschen nicht gleich gut und richtig sein. Die Gefühlserfahrungen, die sich für Karin mit Hunger und Sattwerden verbinden, unterscheiden sich erheblich von denen der Schwester. Ernährt zu werden hat nicht nur eine biologische Funktion, sondern erschließt immer zugleich auch spezifische Gefühlserfahrungen. Wenn Karin vor Hunger schreit, ist die Welt zunächst nicht bereit, sie satt zu machen, ihr Nahrungsbedürfnis wahrzunehmen und zu befriedigen. In den wenigen Stunden ihres wachen Daseins meldet sich aber gerade dieses Bedürfnis besonders stark an. Es ist als ein elementarer Antrieb jedem Menschen mitgegeben und drängt wie alles Lebendige nach Entfaltung und Befriedigung. Ohne diesen Antrieb des Begehrens ist der Mensch nicht lebensfähig. Als biologische Triebkraft meldet er sich ungefragt. Bei Karin meldet er sich sechs- oder achtmal an einem Tag, und nur selten stimmt er mit den festgelegten Zeiten der Mutter überein. Karins »Natur« ist nicht wie die der kleinen Schwester von Beginn an auf den mütterlichen Zeitplan eingestellt; sie hat sich ihre Natur nicht ausgesucht.

Wenn sie sprechen könnte, müsste sie sagen: »Immer wenn ich hungrig bin, macht mich die Welt nicht satt. Darüber bin ich verärgert. Ich bekomme auch schreckliche Angst, weil ich mich

46

allein nicht satt machen kann, ich bin angewiesen auf andere, die das tun. Warum ist die Welt dagegen, dass ich zu trinken haben will?«

Selbstverständlich erlebt der Säugling seine Gefühlserfahrungen nicht bewusst. Dennoch sind diese frühen Sinnes- und Gefühlseindrücke für seine spätere Gestimmtheit von grundlegender Bedeutung. Sie entscheiden mit, ob er sich zu einem heiteren, vertrauenden oder aber zu einem misstrauischen und unglücklichen Menschen entwickeln wird.

Sehr anders sieht die frühe Lebensbilanz der älteren Schwester aus, die unter dem gleichen Dach aufwächst, von der gleichen Mutter versorgt wird und nur knapp zwei Jahre vor Karin geboren ist. Annegret könnte bedenkenlos ihre erste Liebeserklärung an die Welt abgeben, sie hieße etwa so: »Ich liebe die Welt, weil sie mich satt macht, weil sie mir gibt, was ich begehre.« Im Erleben eines Säuglings repräsentiert die Mutter die Welt. So kann Annegret der Welt vertrauen. Diese Welt findet es in Ordnung, dass sie zu trinken haben will. Die vertrauensvolle Gefühlsbeziehung zur Welt hat Annegret nicht als Anlage mitgebracht. Sie hat sie in sich entwickeln können, wesentlich über die »am eigenen Leib« gemachten Fütterungserfahrungen, die die Mutter vermittelt hat. Wer am eigenen Leib erleben kann, in mir ist Hunger und Unbehagen, von außen kommt Befriedigung und Entspannung, der hat Grund, sich der Welt zuzuwenden, selbst, wenn diese Welt eines Tages Warten und Verzichten abverlangen wird. Annegret hat diese Gefühlserfahrungen machen können, sie münden ein in das Erleben: »Aus der Welt kann ich nicht fallen.«

Karin ist noch nicht sicher, ob diese Welt sie tragen wird. Für uns hier ist weiter wichtig zu wissen, dass Karin ungeplant so früh nach der Geburt des ersten Kindes kam. Sie ist eines der unzähligen »Knaus-Ogino-Kinder«. Die leichte Ungewissheit dieser Mutter, ob sie schon jetzt ausreichend Kräfte frei habe für ein zweites Kind, wirkt sich im Umgang mit diesem Kind aus.

Sie erlebt es anders als ihr erstes. Sie hat sich an den bei Annegret erprobten Ernährungsplan gehalten und war zunächst innerlich nicht frei genug, auch das zweite Kind als individuelle Person in ihre mütterlichen Umgangsweisen aufzunehmen.

Für eine kurze Weile war sie in Gefahr, vom zweiten Kind eine Neuauflage ihres ersten zu erwarten. Erst ein Neubesinnen hat es ihr möglich gemacht, sich auf dieses »andere« Kind innerlich einzustellen und den Fütterungsplan flexibel zu handhaben. Darin drückt sich Liebe aus: sich in die »Eigenart« eines kleinen Menschen einzufühlen und eingefahrene Praktiken verändern zu können.

Frühe Angst kann »böse« machen

Peters Mutter ist Chemikerin. Sie ist es von einer langen beruflichen Arbeitszeit her gewöhnt gewesen, sehr sorgfältig und präzise mit Mengen umzugehen. Die Hauptsorge während des ersten Lebensjahres ihres Jungen war die, ihm nicht zu viel und nicht zu wenig zu geben. Sie wollte genau die vorgeschriebene Menge einhalten, die für seine gesunde körperliche Entwicklung von Nutzen sei. Sie hat ihn deshalb nicht nur täglich, sondern auch zu jeder Mahlzeit wiegen müssen. Oft hatte sie sich sogar während der Mahlzeit über die Grammzahl versichert, das Nähren unterbrochen und den schreienden Säugling auf die Waage gelegt. Sie wollte sichergehen, ob er nun mehr oder weniger zu trinken haben müsse. Sie bezeichnet ihr Verhalten von damals selbst als übertrieben, sie habe aber einfach nicht anders gekonnt. Sie erinnert sich gut, wie oft sie sich in ihren Berufsalltag zurückgewünscht hat. Dort konnte sie, ohne ein schlechtes Gewissen zu bekommen, Genauigkeit praktizieren. Erst nach seinem ersten Lebensjahr, als der Junge zu laufen begann, sei sie nicht mehr so fixiert auf die zugeführten Kalorien gewesen.

Uns interessieren hier nicht die Beweggründe, die die Mutter zu ihrem auffälligen Verhalten geführt haben. Wir wissen, dass sich die Beziehung zu ihrem Kind nicht erst vom Tag seiner Geburt an entwickelt hat. Interessant ist hier vor allem die Frage nach den Gefühlserfahrungen des kleinen Peter angesichts der angedeuteten Ernährungspraktik. Hungrig und gierig, wie Säuglinge zu sein pflegen, ist Peter angelegt und in seinem existenziell begehrten, genüsslichen Trinken »oft abrupt unterbrochen«, angelegt, wieder unterbrochen, wieder angelegt, wieder unterbrochen oder auch abgesetzt worden. Die vorgeschriebene Menge war erreicht. Das wird auch demjenigen Leser unzumutbar vorkommen, der noch unvertraut damit ist, wie entscheidend die Erfahrungen für einen Säugling sind, die er über das Sattwerden macht. Dass hier eine Mutter quasi aus eigenen, latenten Gefühlskonflikten so handeln musste, dürfen wir, auch ohne diesen Konflikten nachzugehen, nicht übersehen.

Die Trinkerfahrungen eines Säuglings erschließen ihm spezifische Erlebnisweisen, je nachdem wie die Umwelt auf seinen Hunger, auf sein elementares Haben-Bedürfnis antwortet; davon haben wir schon gehört. Der Säugling kann diese frühen Welterfahrungen nicht intellektuell erfassen. Es wäre ein gefährlicher Fehlschluss, deshalb zu meinen, sie könnten ihm nichts anhaben. Das erste, grundlegende Weltbild eines kleinen Kindes wächst nicht über Kenntnisse und Wissen um die Dinge, sondern über erworbene Gefühlserfahrungen während der ersten Lebenszeit. Und weil diese Gefühlserfahrungen über Vorgänge am eigenen Leib gemacht werden, haben sie einen besonders haftenden Charakter. Übertragen wir die spezifischen Welterfahrungen dieses Kindes erneut in die sprachliche Ebene, so müssten sie am Ende des ersten Lebensjahres etwa so ausgesehen haben: »Die Welt ist unberechenbar. Mitten im schönsten Sattwerden lässt sie mich fallen. Ich bekomme dann schreckliche Angst, ob ich ungesättigt bleiben muss oder doch noch zu trinken bekomme. Ich sehe schwarz für meine Zukunft. Ich fürchte nämlich, dass ich zu kurz kommen werde. Ich muss ein sehr schlechtes Kind sein: ich will nämlich ohne Bedingungen und ohne Unterbrechungen zu trinken haben. Genau gesagt will ich es gar nicht, es will in mir. Aber ich kann dagegen gar nichts machen, weil ich nicht weiß, wie man das tut. So wird es gut sein, der Welt meinen Riesenappetit und meinen Riesenärger zu verschweigen. Ich merke sehr genau, sie sind dennoch vorhanden.«

Peter lernte ich kennen, als er fünf Jahre alt war. Er mochte damals nicht essen, hatte heftig abgeknabberte Fingernägel und fing an heimlich zu naschen. Die Mutter bezeichnete ihren Sohn als »böse«. Sie empfand noch zu diesem Zeitpunkt ihre übergroße Sorge für die richtige Ernährung am Beginn seines Lebens als ausreichenden Grund für ihn, der Mutter dankbar zu sein.

Kleine Kinder nehmen die Ängste ihrer übertrieben besorgten Mütter unbewusst in sich auf. Dass damals unbekannte Ängste die Mutter in ihre auffälligen Ernährungspraktiken getrieben haben, ist ohne Zweifel. Kinder können nicht leben mit quälender Angst und versuchen auf ihre Weise, sie loszuwerden. Das führt zu seelisch bedingten Symptomen, zum »Böse-Werden«, wie es die Mutter nannte. Psychologisch gesehen sind diese Symptome Notventile für unverarbeitete seelische Konflikte und insofern wichtige Signale, die ein gestörtes inneres Gleichgewicht anzeigen.

Weitere Fehlerfahrungen in Bezug auf seine Gefühlsbedürfnisse während Peters frühen Kinderjahren sollen hier nicht erwähnt werden. Vielleicht ist für den einen oder anderen Leser in Peters Auffälligkeiten etwas von den missglückten Versuchen zu erspüren, die er nun am falschen Ort und mit falschen Mitteln unternimmt, um zu »Futter« zu kommen und seinen »Ärger« herauszulassen.

Peters Mutter hat es außerordentlich schwer gehabt, sich ihrem Jungen gegenüber jetzt anders zu verhalten als bisher. Das ist zunächst von ihrer Sicht und Erlebnisweise her verständlich. Haben wir doch schon von ihr selbst gehört, dass sie die Art und Weise, ihr Kind satt zu machen, als »übertrieben« empfand. Wir können auch sagen, diese Umgangsweise war »angetrieben« von Kräften, die sie selbst nicht erleben konnte. Das macht eine innere Umstellung besonders schwer. Ein guter erster Schritt in der Umstellung war ihr möglich, als sie es aufgeben konnte, die Auffälligkeiten des Kindes als Unart und Boshaftigkeit zu bewerten. Das sind sie, von der inneren Realität des Kindes her gesehen, auf keinen Fall. Mit dieser Umstellung war ihr eine erste Liebesaufgabe gelungen. Sie war nicht mehr Verbündete ihrer falschen pädagogischen Beurteilung und damit gegen das Kind, sondern zur Verbündeten des Kindes gegen die Symptome geworden. Damit war für Kind und Mutter sehr viel erreicht.

Tanja soll verzichten lernen

Tanjas Eltern berichten wie die Mutter in unserem ersten Beispiel, dass ihre kleine Tochter sich auch nur schwer an die pünktlich verabreichten Mahlzeiten gewöhnen könne. Sie schreie besonders nachts, wenn die Zeit von acht Stunden durchzuhalten sei. Der Vater ist fast gekränkt, dass die Tochter ausgerechnet dann, wenn »vernünftige« Menschen schliefen, zu schreien beginne. Er sieht sich dadurch bestärkt in seinem Prinzip, »von Anfang an« eine klare Erziehungslinie einzuhalten. Da nun bei Tanja tagsüber die Oma dem Kind sehr viel durchgehen lässt, sind beide berufstätige Eltern besonders darauf eingestellt, sich »korrekt« zu verhalten. Sie möchten wettmachen, was die Oma versäumt. Sie halten sich streng an einen Zeitplan, des Kindes – und der Oma wegen. Der Vater ist außerdem enttäuscht, dass die kleine Tochter noch heute mit zehn Monaten gierig nach der Flasche greift. Sie hat doch nun langsam lernen müssen, dass ihre Eltern sie nicht verhungern lassen. Vater und Mutter treten nachdrücklich dafür ein, dass auch schon kleine Kinder verzichten müssen. Auch wenn die Oma ihnen da nicht beipflichtet, halten sie an ihrer Ansicht fest.

Jeder Erwachsene hat es schwer, sich in kindliche Erlebniswelten einzufühlen, zumal wenn das Kind erst zehn Monate alt ist. Wir Erwachsenen neigen dazu, Kindern unser eigenes Erleben zu unterstellen. Wir müssen daher lernen, dass das kleine Kind die Welt sehr anders wahrnimmt als der Erwachsene, dass es anders empfindet und dass oft anderes ihm bedeutsam ist. Intuitiv fällt uns dieses Wissen meist nicht zu.

Tanja schreit nicht nachts, um den Vater zu ärgern oder um ihn um seinen Schlaf zu bringen. Sie hat auch keinen Einblick darin, was die Menschen am Tage tun und dass sie nachts zu schlafen pflegen. Tanja greift nicht deshalb gierig zur Flasche, weil sie nicht bereit ist, aus ihren »Lebenserfahrungen« zu lernen. Sie ist mit zehn Monaten ein sehr viel aktiveres Kind geworden, als sie es mit zwei Monaten war. Das hat mit der biologischen Reifung zu tun. So werden ihre Handlungsweisen von ganz allein stürmischer und aktiver. Es gehört zu den besonders wichtigen pädagogischen Fähigkeiten, sich in der frühen Zeit etwas einfallen zu lassen, um auch das ungestüm zupackende Kind nicht in einen Ernährungskrieg zu verwickeln. Viele Mütter greifen spontan auf Reime oder Verse zurück, welche Mutter und Kind durchhalten lassen.[6]

Die Eltern unterstellen hier ihrer kleinen Tochter etwas, was für sie als Erwachsene Sinn gibt. Da wo Natur sich meldet, deuten sie Charakter. Nun – es geht gar nicht anders, als sich das Verhalten des kleinen Kindes verständlich zu machen, es zu deuten. Eltern wollen verstehen, was in ihren Kindern vorgeht. Sie brauchen gleichsam Anhaltspunkte, um zu entscheiden, wie weiter mit ihnen umzugehen ist. Solche Vermutungen sind immer auch vom eigenen Weltbild geprägt, von bewussten oder auch unbewussten Wünschen und Ängsten.

Die Lebensgeschichte eines jeden Menschen beginnt mit den Übersetzungen und Deutungen der kindlichen Körpersprache durch Mutter und Vater. Max Frisch schreibt in seinen Tagebüchern: »Im gewissen Grad sind wir wirklich das Wesen, das die anderen in uns hineinsehen. Und umgekehrt! Auch wir sind die Verfasser der anderen.«[7] Problematisch werden solche Deutungen dann, wenn sie zur »Wahrheit des Kindes« aufgewertet werden. Nach meiner Erfahrung nehmen nicht alle Eltern wirklich wahr, dass sie vom ersten Lebenstag an auf ihr Kind einwirken. An dieser Tatsache führt aber kein Weg vorbei. Kein Erwachsener kann sich neutral verhalten, aus seiner Lebensgeschichte »aussteigen«. Und wenn wir Erziehung einmal als Einflussnahme kennzeichnen wollen, wird unmissverständlich deutlich, dass es eine »Antipädagogik« gar nicht geben kann. Eltern geben ihre Lebensweise weiter, ihre Bewertung von Gut und Böse, von lebenswert und schädlich. Ihre Erziehungsweisen sind Teil ihrer eigenen Lebensweise. Es bleibt das Geheimnis des neuen Menschen, wie er aufgrund seiner angelegten Einmaligkeit diese Lebensweisen aufnimmt und verarbeitet.

Tanjas Eltern haben es schwer, sich das Kind in seiner frühen Lebensstufe als wesentlich vom organischen Wohlbefinden her bestimmt vorzustellen. Sie unterscheiden ihre eigenen Interpretationen nicht von der Wesensart des kleinen Kindes. Sie unterstellen ihm Charaktereigenschaften. Der Vater fühlt sich gekränkt, weil seine Tochter keine »Rücksicht« auf ihn nimmt. Er hält sie deshalb für »undankbar«.

Wer seinem Kind keine Rücksichtnahme zutraut, wer ihm Undankbarkeit unterstellt, muss verärgert werden und wird eine innere Ablehnung dem neuen Menschen gegenüber entwickeln. Dass diese Unterstellungen bereits bei einem Baby von zehn Monaten erfolgen, lässt eine extreme Ambivalenz dem Kind gegenüber erahnen. Die pädagogische Leitlinie dieser Eltern, das Kind von Anfang an ans Verzichten zu gewöhnen, drückt auf der emotionalen Ebene aus: Du musst werden, wie wir dich haben wollen.

Dass dieses Kind unter dem gleichen Dach und über viele Tagesstunden eine Oma erlebt, die Tanja sehr zugewandt ist und die angesichts seiner strengen Eltern ihm eine ausgleichende Gerechtigkeit zukommen lässt, bringt extrem verwirrende Gefühlserfahrungen in sein frühes Leben. Verwöhnende wie auch ablehnende Gefühle werden von den Gefühlsantennen kleiner Kinder sehr genau aufgenommen. Wie Tanja sie verarbeitet, bleibt das Geheimnis dieses Kindes. Unterstellen wir erneut, auch sie könnte über ihre Gefühlserfahrungen sprechen, dann müsste sie etwa sagen: »Es gibt eine gute und eine böse Welt. Es ist schrecklich verwirrend, sich damit zurechtzufinden. Weil die gute Welt mir gibt, wenn ich etwas haben will, werde ich mich so lange anstrengen, bis auch die böse Welt mir gibt. Meine ganzen Kräfte werde ich dafür einsetzen. Nichts anderes wird mir wichtig sein, als meine Wünsche durchzusetzen. Zum Spielen habe ich gar keine Lust.«

Wir haben angedeutet, dass Tanja die Welt weiß und schwarz erfährt, heiß und kalt, voll strömendem Hergeben und konsequenter Zurückhaltung. Auf diese Weise entstehen erhebliche Gefühlskonflikte. Die Welt erweist sich als unzuverlässig, uneinheitlich, widersprüchlich reagierend. Das bindet die seelischen Kräfte an die Bewältigung dieser Gefühlsunsicherheiten und blockiert damit die weitere seelische und auch geistige Reifung, zu der auch ein erstes Warten und Verzichten gehört. Diese Fixierung an frühkindliche Probleme kann bis ins Erwachsenenalter andauern: »Das Ausmaß oraler Gewohnheiten (os = der Mund) – Zigarettenkonsum, Gummikauen und Trinken – ist ein drastisches Zeichen dafür, wie viele von uns in ihrer Säuglingszeit nicht jene optimale Mischung von zuverlässiger mütterlicher Zuwendung mit dosierten Versagungen erfahren haben, die spätere Versagungen angstfrei zu ertragen gelehrt hat.«[8]

In Tanjas Umgebung stellen jeweils Eltern und Oma zwei widersprüchliche Welten dar. Die eine sagt ja, die andere sagt nein. Schon jetzt werden durch diese Erfahrungen Weichen gestellt für künftige seelische Reaktionsweisen. Tanja wird es außerordentlich schwer haben, verzichten zu lernen. Ihre Eltern sind bisher zu einer Umstellung nicht bereit. Sie halten sich fest am Prinzip der klaren Erziehungslinie »von Anfang an« und an der rigorosen Verzichtsforderung. Noch überblicken sie nicht den Preis, den Tanja dafür zahlen muss. Es ist nicht vorauszusagen, welche auffälligen Verhaltensweisen sie entwickeln wird. Nur eins kann als gewiss gelten: Tanja wird sich in ihrem Seelenhaus nicht wohl fühlen. Sie wird über ihre Kräfte nicht frei verfügen können, das heißt, sie wird immer mit einer Blockierung ihrer inneren Entwicklung zu rechnen haben.

Zärtlichkeiten sind das Brot für die Seele

Auch bei Ingrid, die ich vierjährig kennen lernte, ist das erste Lebensjahr besonders kummervoll verlaufen. Sie hat ein Schicksal auferlegt bekommen, das mit der Konsequenz von psychischen Gesetzmäßigkeiten den Bezug zu dieser Welt vereiteln muss. Sie fällt auf, weil sie noch immer nicht zu spielen vermag. Daumen lutschend steht sie in der Ecke ihres Spielzimmers, bewegt sich über Stunden, wenn man sie nicht drängt, von diesem Plätzchen nicht fort und scheint sich weder für die bunten Spielsachen noch für die anderen Kinder zu interessieren. Von Zeit zu Zeit wechselt sie die Daumen. Die Heimerzieher, die seit kurzem dieses Kind betreuen, nennen es das »Daumenspiel«. Manchmal fährt sie sich mit der jeweils freien Hand in gleichmäßig rhythmischen Bewegungen übers Haar, als wolle sie sich selbst etwas Gutes tun, vielleicht auch spüren, ob sie noch da ist. Welche Gefühlserfahrungen hat Ingrid im ersten Lebensjahr mit dieser Welt gemacht? Was hat ihr die Welt an Kontakt, Beziehung und Zärtlichkeit angeboten?

Ingrid ist unehelich geboren. Ihre sehr junge Mutter war außer Stande, das Kind zu versorgen und gleichzeitig für den Lebensunterhalt aufzukommen. Die Großmutter des Kindes bot sich zur Betreuung unter der Bedingung an, dass es sich »einfügte«. Sie verstand darunter, dass der Säugling ihre Berufsarbeit weiter ermöglichte und sich ihrem Arbeitsplatz anpasste. Sie ist zur damaligen Zeit 50 Jahre alt gewesen, eine herbe, kühle Frau, die leicht in Erregung kommt. Für sie besteht das Leben aus Arbeit. In der Erziehung vertritt sie den Grundsatz, Kinder müssen für diese harte Welt hart gemacht werden.

Das kleine Mädchen lebt in dieser Zeit acht Monate bei der Großmutter, genauer gesagt, es lebt vorwiegend nachts mit ihr zusammen. Am Tag steht der Säugling auf einem Flur ihres Arbeitsplatzes. Die Arbeit macht es der Großmutter nicht möglich, den Säugling etwa in gleichmäßigen Abständen zu ernähren. Diese unzureichende Ernährungsweise wird noch dadurch erheblich belastet, dass die Ersatzmutter die Meinung vertritt: »Menge ist Menge.« Sie findet es wichtig, dass Ingrid ihr »Deputat« bekommt. In welchen Abständen und wie häufig, sei eine Frage der »Angewöhnung«. Die Großmutter verteidigt sehr erregt ihre Umgangsweisen. Sie hält zum Beispiel Zärtlichkeiten bei kleinen Kindern für schädlich, weil sie sich an sie gewöhnen könnten. Spielsachen hat Ingrid in den ersten acht Monaten wenig bekommen, eine Klapper und eine Windel, »mehr habe sie nicht haben wollen«. Welche Erfahrungen hat Ingrid in ihren ersten Lebensmonaten also machen müssen?

Wenn sie Unruhe und Spannung empfindet, weint oder schreit, verhallen ihre Äußerungen im Leeren. Es ist keine Welt da, die auf sie hört, sie wahrnimmt und ihr antwortet. Sie wird nicht gesättigt, wie es ihrem Hungergefühl entspricht, sie wird auch nicht zärtlich angesprochen, tröstend auf den Arm genommen, gestreichelt oder geküsst. Solche Gefühlszuwendungen sind der Großmutter nicht möglich, sie macht auch keinen Hehl daraus. Ingrid hat sehr früh erfahren müssen, dass es sich nicht lohnt, sich mit der Welt einzulassen. Nichts füllt ihr kleines Leben mit der Erfahrung: draußen, außerhalb von mir, muss es gut sein, die Welt macht mich satt und zufrieden, tröstet mich und lässt mich gelten. Weil kein Anreiz von außen auf ihre Bedürfnisse trifft, sich der Welt zuzuwenden, werden diese im Keim erstickt und können sich nicht entfalten. Der fehlende Bezug zum Menschen und zum Gegenstand nimmt hier seinen Anfang. Wer keine Beziehung zur menschlichen Umwelt herstellen kann, wird nicht lieben lernen. Lieben lernt der Mensch durch die Erfahrung, geliebt zu werden. Wer keine Beziehung zur dinglichen Welt herstellen kann, bleibt ohne Interesse, ohne Neugier, ohne Staunen. Wie sehr auch die geistige Entwicklung in diese emotionalen Ausfälle hineingreift, ist bei Ingrid in der Spielunfähigkeit sehr deutlich zu sehen. Ihr Schicksal hat sie nicht nur um die Entfaltung ihrer seelischen, sondern auch ihrer geistigen Kräfte betrogen.

Am Lebensbeginn war für Ingrid die entscheidende Gefühlserfahrung ausgeblieben, von einem ihr zugewandten Menschen liebevoll angeschaut zu werden. So hat sie keinen Anreiz erfahren können, der sie locken konnte, ihre Bedürfnisse nach Zugehörigkeit, Kontakt und Geborgenheit zu äußern. Es war keiner da, der erfahren ließ: »Dich, gerade dich, habe ich mir gewünscht, ich habe dich lieb, weil du da bist.« So ist es gekommen, dass sie sich mit sich allein beschäftigen musste. Sie liebte nun ihren Daumen, liebte ihr Haar. Sie suchte den Schutz der Zimmerecke, von der aus sie einen Blick in die Welt um sich herum probierte. Was hat sie von dieser Welt wahrnehmen können? In ihren Augen drückte sich die Frage aus: »Ich lebe in einer Welt ohne Freude und ohne Freunde.« In ihrem auffälligen Verhalten haben sich die geheimen Wünsche nach Nähe und Zugehörigkeit in entstellter Form durchgesetzt. Ingrid ist über den eigenen Körper nicht hinausgekommen, ihre Energien beziehen sich nur auf ihn. Ihre Körpersprache ist ein symbolischer Ausdruck für ihre innere Gefangenschaft, sie kann den Schritt aus sich heraus nicht wagen. Keinem von uns steht es zu, Richter über Mutter oder Großmutter zu sein. Auch Schicksale wie das hier genannte baut das Leben um uns herum. Wir werden immer wieder darüber nachdenken müssen, ob es ausreicht, das ungeborene Leben zu schützen, so sehr wir auch dafür eintreten. Was tun wir für das geborene Leben? Die junge Mutter dieses Kindes ist noch nicht erwachsen gewesen. Wie hätte sie in ihrer noch kindlichen Reifestufe die Verantwortung für einen neuen Menschen übernehmen können?

Wie viel »neue Welt« können kleine Kinder verkraften?

Hannelore ist neun Monate alt, als sie den ersten Frühlingstag im Garten erleben soll. In diesem Alter will das kleine Kind nun schon sehr genau seine Umwelt betrachten. Es hat eine Entwicklungsstufe begonnen, in der das innere Bedürfnis, bekannt und vertraut mit seiner Umwelt zu werden, ganz besonders intensiv auftritt.

Die Mutter setzt ihre kleine Tochter auf den warmen, grünen Rasen und ist sehr gespannt, was sie zu der neuen, so viel größeren Umgebung sagen wird. Sicher wird sie jubeln, aus den engen Zimmerwänden heraus zu sein. Was tut aber Hannelore? Sie beginnt jämmerlich zu weinen und zeigt das unglücklichste Gesicht der Welt. Hilflos schauen die Erwachsenen zu. Sie wundern sich, dass dieser kleine Mensch nicht auch wie sie sein Herz höher schlagen fühlt angesichts des schönen Frühlingstages. Was kann ein kleines Kind im Anblick von Sonne und Himmel, von weitem grünem Rasen und den ersten Frühlingsblumen zum Weinen bringen? Der Mutter kommt die Antwort in den Sinn und damit auch die rechte Hilfe. Sie holt die vertraute Umzäunung, das Laufgitter, aus dem Zimmer ins Freie, setzt Hannelore hinein, und siehe da – mit einem Schlag ist sie beruhigt. Sie strahlt Zufriedenheit aus und wagt nun hinter der gewohnten Sicherung, ins neue, grüne Land zu schauen.

Hannelore weiß nichts vom Frühling und seinen bunten Farben. Sie weiß auch nichts davon, dass dieser Tag ein besonderer ist. Jeder Tag bringt für sie Besonderes, Neues, Staunenswertes. Kinderzimmer, Küche und Bad beginnen ihr heimisch und vertraut zu werden. Die Welt muss überschaubar bleiben, wenn sie mit ihr einverstanden sein soll. Die Mutter hat beobachtet, dass die kleine Tochter seit einiger Zeit auf unbekannte Situationen und auch auf neue Menschen mit Abwehr reagiert. Sie lässt diese Abwehr gelten und redet ihr nicht zu, das Fremdeln zu überwinden. Offensichtlich ist eine neue Differenzierung ihrer seelischen Fähigkeiten erreicht: Hannelore beginnt, bekannt und unbekannt, vertraut und fremd zu unterscheiden. Die Mutter stellt sich darauf ein, diesen Gefühlsbedürfnissen des Kindes gerecht zu werden, und hat schon oft erfahren, dass dann der Seelenfriede wiederhergestellt werden kann. Das ist ihr sehr wichtig. Der kleinen Tochter tut es gut, in einer verlässlichen, überschaubaren Welt zu sein und nicht zu viele Nebenwelten zu erleben.

Wenn kleine Kinder gleichen Alters anders als erwartet auf den ersten Rasenausflug reagieren, ist das kein Zeichen dafür, dass sie ihre Vertrauensbedürfnisse nicht zu leben wagen. Jede Reaktion kann nur auf ihrem individuellen Hintergrund verstanden werden.

Die Eltern von Andreas gehen sehr anders mit dem kindlichen Bedürfnis nach Vertrautheit um, als wir es bei Hannelore erfahren haben. Fast sind sie ihm ein bisschen gram, dass er für neue Eindrücke kein Verständnis hat. Auch er ist neun Monate alt. Die Eltern gewöhnen ihn eifrig daran, mütterliche und väterliche Sonntagsfreuden mitzugenießen. Sie schleppen ihn zu Bekannten und Verwandten, scheuen nicht Windeln und Wagen und nehmen ihn auch mit, wenn eine Berghütte, 1500 Meter hoch gelegen, erwandert werden soll. Dem Vater macht es Spaß, den künftigen Bergsteiger huckepack zum Ziel zu tragen. Dass der kleine Sohn schlafend, die Arme um den Kopf des Vaters geschlungen, oben ankommt, stört die Eltern nicht. »Irgendeinen Eindruck von den Bergen wird er schon mitbekommen!«

Wir können Andreas nicht fragen, was er zu diesen Sonntagsfreuden sagt. Aber eines erscheint der Mutter bedenklich: Sollte ein Zusammenhang zwischen den elterlichen Unternehmungen und seinem nachlassenden Appetit bestehen? Andreas schläft auch nicht mehr so gut wie in den ersten Monaten. Sie trauen der Therapeutin nicht, die ihnen sagt, dass auch bei so kleinen Kindern Ernährungsstörungen seelische Gründe haben können – selbstverständlich muss das aber nicht immer sein. Als der Kinderarzt bestätigt, dass Andreas' kleiner Magen streike, weil seine Sinne nicht ständig wechselnde Eindrücke aufnehmen und verarbeiten können, reduzieren sie zumindest die Wochenendfahrten. Eines aber wollen sie nicht aufgeben, nämlich ihr Prinzip, schon das kleine Kind an ihre Interessen und Unternehmungen zu gewöhnen. Andreas soll erfahren, dass er nicht allein auf dieser Welt lebt, dass Vater und Mutter auch da sind und Interessen haben, die sie befriedigen möchten.

Andreas hat offensichtlich keinen Spaß an der vielseitigen Sonntagswelt entwickelt. Er begehrt, was er begehren darf. Er will Heimat um sich haben, sich niederlassen, wo er sich auskennt. Der noch unüberschaubaren Welt will er Schritt für Schritt begegnen. Er sagt es seinen Eltern in der Körpersprache, wie das kleine Kinder zu tun pflegen. Mit seinem »leiblichen Getriebe«

drückt er aus: »So viel neue Welt kann ich noch nicht verdauen.«
Dass das angebotene Welt-Futter überdies kein Angebot, sondern
Auflage ist, macht es obendrein nur schwer verdaulich.

Die vielen Unternehmungen wirken auf den ersten Blick sympathisch. Die aktiven Eltern wollen ihr Kind schon früh an der Welt
teilhaben lassen. Sie sind jedoch nicht einfühlsam, nicht empa-
thisch in Bezug auf das kleine Kind. Wir Erwachsenen haben es
dabei leicht, unsere Eigenwünsche zugunsten eines Kindes um-
zuformulieren. Die elterlichen Begründungen kann das Kind
nicht verstehen. Ohne Zweifel hat es jedoch ein Gespür dafür,
dass es mitgeschleppt wird, dass es kein kleiner Partner unter
zwei Erwachsenen, ihn schützenden Partnern, sein darf.

»Ich lasse mich nicht ausnehmen«

Am ersten Geburtstag von Michael wird der Entschluss gefasst.
Beide Omas halten zwar den günstigsten Zeitpunkt für die Sau-
berkeitserziehung schon für verpasst, sie setzen ihn mit acht
Monaten an. Die jungen Eltern jedoch haben von dem Nutzen
gelesen, den ein sehr viel späterer Beginn, etwa mit 18 Monaten,
für ein Kind mit sich bringen soll. Ein Kompromiss wird gefun-
den, den Beteiligten werden jeweils fünf Monate ab- beziehungsweise zugesprochen. Die große Familie hat über Michael entschieden: Wenn er 13 Monate alt sein wird, soll mit der Erziehung
dieser ersten Lernleistung begonnen werden.

Es ist ungewöhnlich, diese Zeitfrage im großen Familienkreis zu
klären. Ein Umstand spricht dafür: Beide verwitweten Großmütter wohnen mit Michael und seinen Eltern im gleichen Haus. Sie
hatten Scheu, den Säugling zu betreuen, so dass im ersten Jahr
die Mutter ihren kleinen Sohn fast ganz allein versorgte. Seit der
Junge auf beiden Beinen steht und lebhaft ankündigt, dass er sich

nun bald der Welt bemächtigen werde, schalten sich die Großmütter zur mütterlichen Entlastung ein. Das trifft den Jungen
unerwartet; drei weibliche Personen stehen nun für ihn und damit
auch für sein Sauberwerden bereit.

Wie schon jetzt zu sehen, ist allen Beteiligten viel an der ersten
Leistung des Kindes und Enkels gelegen. Darum wird die Sache
systematisch angegangen: dreimal an jedem Tag, gleicher Topf
an gleicher Stelle, und das ohne Pardon. Wenn 15 Minuten
überschritten sind und das gewünschte, erbetene, gelockte und
geforderte Eigenprodukt nicht in seinem Töpfchen liegt, bekommt Michael Spielzeug in die Hand. Man möchte ihn ermun-
tern, bei der Sache und der Sitzung zu bleiben. An der Zielsetzung
wird nichts verändert, das »positive« Ergebnis soll erreicht werden, und positiv heißt hier: das Würstchen muss heraus.

Was nun in den ersten Wochen noch recht reibungslos verlief, wird
zusehends aufregender und dramatischer. Michael kann es bald bis
zu einer Stunde auf dem Topf aushalten, bevor er bereit ist, sein
Soll zu erfüllen. Fast sieht es so aus, als habe er Spaß daran, die
Großen warten zu lassen. Diese bleiben unerbittlich konsequent,
reden zu, kritisieren, fordern und beschämen. So gibt es auf seiner
Seite viel Tränen, Missmut und Unglücklichsein – aber endlich
dann doch das erwartete Ergebnis. Zwei Jahre vergehen, ehe sich
die Familienangelegenheit in eine Aktion des Kindes verwandeln
kann, ehe die Großen sich zurückziehen und ihm allein zutrauen
können, dass er's schon richtig »machen« wird.

Michael lerne ich kennen, als er sechs Jahre alt ist. Die Eltern
stellen ihn wegen erheblicher Sorgen vor, von denen noch berichtet wird. Michael charakterisieren sie als liebesbedürftiges,
beliebtes Kind. Er sei wie der Vater nicht ohne Eigenständigkeit,
habe immer Einfälle in seinen Spielen, sei ein penetranter Samm-
ler und frage über Gott und die Welt: Warum der Himmel hoch
sei, ob der liebe Gott auch baden würde, ob alle Teufel Schwänze
und die Astronauten einen Topf besäßen?

Was mag sich damals in Michael abgespielt haben? Welche Erfahrungen hat es ihm eingebracht, dass die Großen konsequent und ohne Ausnahme sein kleines Eigenprodukt gefordert haben? Gewiss: Sie wollten ihm helfen, sauber zu werden und selbständig, Michael sollte in die Gepflogenheiten der Erwachsenenwelt hineinwachsen. Aber wie sind ihre Forderungen bei ihm angekommen? Sein Weltbild hätte verbal im zweiten Lebensjahr wohl etwa so geklungen: »Ich kann ein Würstchen machen und das macht mich stolz. Ich kann es hergeben und ich kann es auch bei mir behalten. Wenn ich es hergebe, freuen sich die Großen, sie lieben mich und machen glückliche Gesichter. Wenn ich es in meinem Bauch behalten will, schimpfen sie mit mir und können mich nicht leiden. Das kann ich gar nicht aushalten; ich will, dass sie mich leiden können. Warum darf ich mein Würstchen nicht für mich behalten? Machen die Großen keine Würstchen, die sie für sich behalten können? Ich bekomme schreckliche Angst, weil gleich drei Leute von mir was haben wollen. Bleibt da auch noch genug für mich übrig?«

Auch hier soll erneut eingefügt werden, solche »Weltbilder« stellen sich kleine Kinder nicht bewusst vor. Dass aber Kinder gefühlsmäßig in der hier beschriebenen Weise erleben können, daran besteht kein Zweifel, wenn man die analytische Arbeit mit seelisch leidenden Patienten überblickt.

Für kleine Kinder haben alle körperlichen Vorgänge gravierendes Gewicht. An ihnen entwickeln sich nicht nur Gefühle der eigenen Leiblichkeit, sie vermitteln zugleich auch spezifische Erlebniswelten – je nach der Art, wie die Erwachsenen mit diesen Vorgängen umgehen. Nicht nur die bisher genannten Vorgänge, die sich in der so genannten Mundzone und im Hautkontakt zum Kind abspielen, vermitteln erste Prägungen für spätere seelische Verhaltensweisen. Auch die Erfahrungen, die ein kleines Kind an seinem »hinteren Kontinent« in der so genannten Analzone sammelt, haben prägenden Charakter für künftige Erlebens- und Verhaltensweisen.

Wir haben uns in unserem Beispiel hier auf den emotionalen Rang von Hergeben und Behalten konzentriert. Für Michael hat sich damals einprägen müssen, und zwar mit der ganzen Evidenz leiblicher Erfahrungen: Hergeben und Schenken ist gut, die Welt bejaht mich, wenn ich ihr etwas darbiete. Behalten und Neinsagen ist schlecht, die Welt lehnt mich ab, wenn ich mein Produkt verweigere.

Darüber hinaus vermittelt der Vorgang der Stuhlentleerung weitere Gefühlserfahrungen, etwa erste wichtige Bewertungen, die mit der »Leistung« zusammenhängen. Das kleine Kind erfährt ja sehr eindeutig: Die Großen sind mit meiner Leistung zufrieden. Oder es erlebt das Gegenteil: Die Großen sind nicht zufrieden, sie möchten, dass ich unter allen Umständen etwas leiste. Ein so kleines Kind entwickelt seine erste Leistungsbewertung an den Reaktionen seiner Eltern an dieser konkreten Begebenheit. Wie misslich und bedrückend müssen die Erfahrungen in Bezug auf die eigene Leistungsfähigkeit jener Kinder sein, die zwei oder drei Jahre auf dem Topf sitzen, ohne zum Erfolg zu kommen, ohne die gewünschte Leistung zustande zu bringen! Um vorzubeugen, dass ein Kind an seiner ersten Leistungserfahrung scheitert und unglücklich über die daran geknüpfte Ablehnung wird, ist es sinnvoll, es erst am Ende des zweiten Lebensjahres dieser Lernsituation auszusetzen. Erst dann nämlich ist seine biologische und affektive Reifung so weit fortgeschritten, dass es leisten »können« kann. Das gibt den glücklichen Ansporn für die Bewältigung neuer, weiterer Lebensforderungen.

Hier will ich nun anschließen, dass die Eltern des Jungen deshalb so besorgt waren, weil es bereits nach wenigen Schulmonaten Probleme mit seinen Mitschülern gab. Er hatte jeden Morgen Angst, zur Schule zu gehen, mochte am Morgen nichts mehr essen und begann, während des Schlafes erregt zu sprechen. Die Eltern beschrieben sehr trefflich, seine Mitschüler »nehmen ihn aus«. Die Gleichaltrigen hatten schnell herausbekommen, dass Michael

Geschenke verteilte, sich ihnen fügte und sich nur schwer zur Wehr setzen konnte.

Seine mehrjährige Darmträgheit (Obstipation) haben die Eltern nicht im Zusammenhang mit seinem charakterlichen Verhalten sehen können. Eine ärztliche Untersuchung bestätigte die Obstipation als psychogene Erkrankung. In der dann ein Jahr andauernden Kindertherapie war der oben zitierte Leitsatz immer eine große Hilfe, wenn Michael und ich miteinander herausfinden wollten, wie er sich bei schwierigen Situationen den Mitschülern gegenüber verhalten sollte. Wir hielten uns an den Satz: »Ich lasse mich nicht ausnehmen.«

Ohne die innere Umstellung der Eltern wäre das befriedigende Behandlungsergebnis nicht zustande gekommen. Sie hatten unter anderem einen Zugang dafür finden können, dass in ihrem eigenen Weltbild das Dasein für andere einer missverstandenen Liebe zum Nächsten entsprang. Beide Eltern waren für den zweiten Teil des christlichen Liebesgebotes, sich selbst wie den Nächsten zu lieben, gleichsam unempfänglich. Diese Unempfänglichkeit hatte auch zu ihrem Zugeständnis an die beiden Großmütter geführt, sich in ihrer Familie einzurichten. Die psychologischen Konsequenzen einer auf diese Weise missverstandenen Nächstenliebe bleiben nicht aus; sie zeigen sich recht häufig in unangemessenen Forderungen an andere Menschen. Auch die hier in unserem Beispiel herausgestellte groteske und penetrante Forderung an den kleinen Sohn hing mit der eigenen emotionalen Unsicherheit in Bezug auf Geben und Nehmen zusammen. Auch diese Eltern haben im Verständnis der psychologischen Zusammenhänge ihren Sohn neu sehen und verstehen gelernt. Sie haben ihn auch dann innerlich bejahen können, wenn er nein sagte und Protest anmeldete, wenn er behielt, was er behalten wollte. Die entscheidende Hilfe für den Jungen lag darin, dass er seine neuen Verhaltensweisen ohne schlechtes Gewissen trainieren konnte. Er fühlte sich auch als ein veränderter Michael von den Eltern angenommen.

Wer versteht wen?

»Das kann doch nicht wahr sein, dass unser Kind dumm ist: 30-mal erklären wir ihm, dass der elektrische Strom eben Strom ist und darum gefährlich, dass der Funke über die Haut in sein Herz gehen und das Herz dann nicht mehr schlagen kann. Dennoch bleibt es das Reizvollste für ihn, Steckdosen sehr genau zu besichtigen, an Schaltern zu drehen und Lampen ein- und auszuschalten.« Die Mutter dieses Zweijährigen ist deshalb so beunruhigt, weil im gleichen Haus ein Junge lebt, der Steckdosen und Lampen nicht berührt; also könne dieser schon verstehen, was man ihm erklärt. Obendrein sei er noch zwei Monate jünger.

Nicht nur der Nachbarsjunge, noch eine andere Beobachtung macht der Mutter schwer zu schaffen. Vor wenigen Wochen noch habe das Kind alles nachgesprochen, was sie ihm vorsprach, habe Verse auswendig gekonnt und sei auch bei seiner Wortwahl bemüht gewesen, »gepflegt« zu sprechen. Der Mutter liegt viel daran, den Sprachschatz des Kindes zu bereichern: »Sag doch nicht immer »tun« und »machen«, du kannst auch »heben«, »schleppen«, »greifen« sagen.« Neuerdings lehne der Zweijährige das Nachsprechen ab.

Was bringt ein Vergleich zweier Kinder? Das eine Kind ist erziehungsbereiter als das andere, das eine spielt weniger ausdauernd als das andere, das eine fragt origineller als das Vergleichskind. Die unterschiedlichen Äußerungen und Verhaltensweisen bestätigen einen schlichten Tatbestand, an dem nichts zu verändern ist: Zwei Kinder haben zwei verschiedene Entwicklungswege, weil jeder Mensch als Individuum auf die Welt kommt und die Lebenserfahrungen des einen nicht übertragbar sind auf die des anderen. Manche Erziehungsnot schiene mir schon dann zu entschwinden, wenn Eltern sich mit diesem Tatbestand anfreunden könnten.

Der Zweijährige der genannten Mutter ist gewiss nicht dumm. Als er in meinem Arbeitszimmer steht, mich zunächst anschauend, ist seine erste Aktion die, sein ganzes Persönchen zur Wand zu drehen. Das heißt nun für jedes Kind, gleich welcher Sprache: »Ich will dir die Hand nicht geben.« So viel kann auch ein so kleines Kind im Nu erfassen und entscheiden: Da ist ein fremder Mensch – Mutti und der fremde Mensch werden von mir verlangen, dass ich guten Tag wünschen soll – ich will es aber nicht. Eine solche Entscheidung halte ich in diesem Alter und in dieser Situation für klug und angemessen. Was spricht dagegen, dass sich ein kleines Kind nicht jedem Menschen zuwenden will?

Nach wenigen Minuten meldet sich in ihm der Wunsch, nun doch Verbindung zu dem neuen Menschen und auch zur Mutter aufzunehmen. Kleine Kinder können die Erwachsenen meist nur für kurze Zeit als Teilnehmende an ihrem Tun entbehren. Und als der Zweijährige seinen Eroberungszug durch das neue Zimmer beginnt, prasseln viele mütterliche Erklärungen auf ihn nieder – über Rücksichtnahme auf fremdes Eigentum, über die Notwendigkeit des Anpassens im Leben und darüber, dass er doch verstehen müsse, die Mutti wolle auch mal mit einem anderen Menschen, nicht immer nur mit ihm reden. Alle Erklärungen beginnen mit der monotonen Einleitung: »Das musst du doch verstehen ..., versteh doch nun aber ..., ein großer Junge versteht das schon.« Bei mir entsteht der Eindruck, dass der Zweijährige schon bei der ersten Erklärung der Mutter nicht hinhört. Wie könnte er dann eine dreißigste noch aufnehmen?

Hier soll eine allgemeine Bemerkung eingeschoben werden. Mit kleinen Kindern sprechen ist nicht leicht. Darum erscheint es mir zunächst viel wichtiger, sprechen mit Kindern zu üben als sie das Lesen zu lehren; auf das frühe Lesenlernen gehen wir noch später ein. Wir Erwachsenen können nicht ohne weiteres die geistige Stufe eines Kindes erfassen, schon gar nicht in seinen Worten allein, die es zu uns spricht. Kinder übernehmen unsere Worte meist recht mühelos, und dennoch bleibt offen, was sich in ihrem Verständnis mit diesen Worten verbindet. Mir scheint es fast die Regel zu sein, dass wir Kindern über das Wort mehr zum geistigen Verdauen anbieten als sie verarbeiten können. Wir sprechen häufiger über Kinder hinweg als zu ihnen hin. »Die Erwachsenen haben eine so andere Sprache«, drückte es einmal ein Sechsjähriger aus.

Ein sehr frühes Angebot von intellektuellen Erklärungen ist mir häufig gerade bei liebevollen und zugewandten Eltern begegnet, die schon ihre kleinen Kinder mit unserer komplizierten Knopf- und Hebelwelt vertraut machen möchten und ihnen daher erklären, wie diese Hebel und Knöpfe funktionieren. »Was der Junge fragt, soll er gleich richtig beantwortet bekommen.« Ein Vater, der so argumentiert, übersieht den geistigen Entwicklungsgang eines Kindes. »Frühe Kindheit ist die Zeit der vorrationalen Bewältigung der Welt durch ein Erleben und Erfahren, das noch nicht in Begriffen begreift, sondern Dingliches mit den Händen greifen muß und so Material anhäufen für ein späteres Begriffebilden in der nächsten Stufe.«[9]

Unbeabsichtigt treibt der zu früh in Begriffen erklärende Vater sein Kind in ein verfrühtes intellektuelles Eindringen in die Welt hinein und verhindert ausgiebige Sachanschauung und Sacherfahrung, die unsere heutigen Kinder gerade wegen der vielen Knöpfe und Hebel brauchen, weil sie Ursache und Wirkung verdecken und unwichtig werden lassen. Das Kind eines solchen intellektuell erklärenden Vaters stellte mir auf die Aufforderung zum Malen die Frage: »Soll ich abstrakt malen?« Auf die Gegenfrage: »Wie machst du das, abstrakt malen?«, antwortete es: »Ich mache die Augen zu und male das Bild von innen.« Genau das, die Distanzierung von der gegenständlichen Welt, bevor sie ausreichend mit den Händen begriffen werden konnte, ist eine nicht leicht zu nehmende Gefahr für eine gesunde seelisch-geistige Entfaltung. Kinder in dieser frühen Stufe brauchen viel Sacherfahrung. Sie brauchen verlässliche und übereinstimmende Information der Erwachsenen, ein klares Ja und ein klares Nein. Die Welt muss Namen, Bezeichnungen und Zuordnungen erhalten. Zusammenhänge wollen vorerst noch mit den Augen erschaut und mit den Händen begriffen sein.

Für einen Zweijährigen ist bereits das Wort »verstehen« nicht zu verstehen. Und gleichzeitig kann er auch wirklich nicht verstehen, was zum Beispiel mit in dem angedeuteten Zusammenhang von Strom und Funke und ausbleibendem Herzschlag vermittelt werden soll. Und weil er diesen Zusammenhang in seinem Kopf nicht begreifen kann, wird auch das einer der Gründe sein, ihm auf seine Weise »greifbar« nachzugehen.

Die Mutter hat überdies zu früh »Auflagen« an die Sprachbereitschaft ihres Kindes gestellt, und dieses Kind hat seine Bereitschaft zurückgezogen. Kleine Kinder wollen nicht »gepflegt« sprechen, und schon gar nicht wollen sie Worte nachsprechen. Dass dieser Zweijährige »dumm« auf seine Eltern wirkt, hat damit zu tun, dass er gefühlsmäßig abschaltet, wenn die Großen das Erklären beginnen. Sie tun es zu oft, zu lange, zu viele Male in einer »fremden« Sprache, die er tatsächlich nicht »verstehen« kann. Sein Nichthören drückt psychologisch aus: »Ihr müsst anders mit mir sprechen, wenn es mich interessieren soll.«

Ist das nicht ein kluges Verhalten?

»Ich kann noch gar nicht fliegen«

Oliver wird seinen dritten Geburtstag in Amerika feiern. Seine Eltern sind glücklich, dass die in Amerika lebenden Großeltern diese Reise finanziell möglich machen, noch haben diese ihren Enkel nicht gesehen. »Viele Stunden werden wir über den Wolken fliegen und über den großen Ozean, wir bekommen zu essen und zu trinken und werden in weichen Sesseln schlafen können. Oma und Opa stehen mit einem großen Blumenstrauß am Flughafen und dann fahren sie uns mit dem Auto in ihr Haus.« Der knapp Dreijährige wird immer wieder von Mutter und Vater auf das kommende Ereignis angesprochen und fragt eifrig nach, wie oft er noch schlafen müsse, bis es mit dem Fliegen so weit sei. Noch bevor die Wochen bis zum Abflug für ihn zählbar sind, kommt Oliver eines Tages mit herzzerreißenden Tränen und rot angelaufenem Kopf zur Mutter und lässt sich in ihre Arme fallen: »Ich kann noch gar nicht fliegen.« Ganz im Gegensatz zu seiner üblichen ausgeprägten Bewegungsanmut hebt er unbeholfen seine beiden Arme zur Seite und demonstriert in dieser Körpersprache, er könne das nicht, das Fliegen. Beide Eltern lassen sich von dem unglücklichen und verzweifelten Gefühlszustand des Kindes berühren, so dass sie es nicht nötig haben, ihn als Dummerchen zu bezeichnen oder gar auszulachen. Nicht selten lachen Erwachsene gerade dann über kindliche Wortschöpfungen oder Äußerungen, wenn sie diese nur von ihrem Erwachsenenstandpunkt aus beurteilen und eben keinen Zugang mehr zu dem frühen Weltverständnis von kleinen Kindern haben.

Wie kommt der zitierte Kindersatz zustande? »Ich kann noch gar nicht fliegen« kann ein kleines Kind nur deshalb sagen, weil es den »Riesen«, die Erwachsene für ihn sind, die Fähigkeit zum Fliegen zutraut. Sie können ja so viele Dinge, die noch weit entfernt von seinem Verständnis liegen. Oliver ist bisher noch mit keinem Flugzeug geflogen, er hat also nicht mit eigenen Augen gesehen, dass die Menschen in ein riesengroßes Flugzeug steigen, dass es Plätze in ihm gibt und die Fluggäste bewirtet werden und einkaufen können. Er hat Flugzeuge gesehen, wenn sie am Himmel fliegen, und von dieser Perspektive aus kann er sie nur als »klein« wahrnehmen. Wer die Wirklichkeit von Flugzeugen und ihrer Fähigkeit zu fliegen noch nicht von außen kennt, fantasiert sie sich innen, in seiner Vorstellung. Daher ist es auch nicht »dumm«, wenn ein

Kind seine Vorstellungen ausspricht. Die Welt kann für Kinder nur in Häppchen begriffen werden, wenn sie diese in ihrem Denken ansiedeln sollen. Es gibt auch geistige Überfütterung. Viele Wörter sagen nichts darüber aus, ob sie auch wirklich verstanden werden.

Seit vielen Jahren beobachte ich die fatale Neigung vieler erziehender Erwachsener, schon kleine Kinder möglichst schnell in die Kompetenz der rationalen Denkweise zu locken. Das Fatale daran ist, dass sie damit ungewollt die geistigen und emotionalen Potenzen der Kinder blockieren. Natürlich geschehen die rationalen Welterklärungen nicht in der Absicht, diese Potenzen zu behindern, sondern zu fördern. »Absicht allein« reicht jedoch nicht aus. De facto können Kinder, die ihre so genannte magische Stufe mit ihren Fantasien und subjektiven Weltdeutungen nicht loswerden dürfen, vor allem in ihrer emotionalen Reifung blockiert werden. Sie möchten in ihrer magischen Weltbetrachtung ernst genommen werden.

Diese magische Weltsicht verändert sich etwa um das fünfte Lebensjahr, wenn Kinder beginnen, sich klar von ihrer Umwelt zu unterscheiden. Sie hören dann auf, sich selbst als die Urheber aller Dinge zu erleben. »Der liebe Gott schimpft«, so deutet ein Dreijähriger den Donnerschlag noch als Folge seines Zorns. Er selbst ist der Auslöser dieses Zorns. Die Welt um ihn herum wird noch nicht als etwas Getrenntes wahrgenommen. Das gleiche Kind kann dann zwei Jahre später fragen, ob die Katze wisse, dass sie eine Katze ist. Auf meine Gegenfrage, was es wohl denke, kommt die Antwort: »Das glaube ich nicht, dass die Katze weiß, dass sie eine Katze ist. Aber ich weiß nicht, warum ich das weiß.« Ob die Geister wohl wissen, dass sie Geister sind, lautet meine neue Frage. »Die gibt es ja gar nicht, ich habe sie ja noch nie gesehen.« So kommt auf dem Weg über die prüfenden Sinne die Vernunft in den kleinen Menschen hinein. Das folgende Beispiel wird die kindliche Denkstufe erneut deutlich machen können.

»Wo wohnt der Alle?«

»Wo wohnt der Alle?« Mitten im gemeinsamen Spielen stellt ein Vierjähriger mir diese Frage. »Du möchtest wissen, wo der Alle wohnt? Wer hat dir vom Alle erzählt?« Beunruhigt und quengelnd wird der folgende Satz ausgesprochen: »Der Papa sagt immer, der Alle kann alles geben, und ich weiß gar nicht, wo der wohnt!« »Jetzt bin ich auch neugierig. Es gibt einen Alle, der immer geben kann. Den möchte ich auch kennen lernen. Wir denken uns einfach aus, wie der aussieht.« »Der ist ein großer Rucksack, da will ich gern mal reinfassen, was da drin ist.«

Schon diese wenigen Sätze werden verdeutlichen, dass eine solche verschlüsselte Wortinterpretation nicht auf Anhieb zu verstehen ist. Sie ist jedoch nicht »verrückt«, sondern entspringt der kindlichen Fantasie, die wir nicht ohne weiteres nachvollziehen können. Mütter oder Väter müssen auch nicht alles verstehen. Logische Gegenargumente von Erwachsenen bedeuten meist für Kinder, von ihren Eltern nicht verstanden zu werden. Wer als Erwachsener mit der »Waffe der Vernunft« dagegen ankämpft, wird äußerlich betrachtet zum Sieger. Was sollte ein Kind gegen die Argumente eines Erwachsenen sagen können? Jedoch ist ein solcher Sieg ein Schein-Sieg. Er lässt das Kind in seiner magischen Stufe im Stich, er lässt es allein. Die Waffe der Vernunft wird häufig eingesetzt, wenn der Erwachsene nicht weiter weiß. Ohne Nicht-Weiterwissen geht es auch beim Erziehen nicht. Was spricht dagegen, diesem Kind zu sagen: »Du musst mir mehr von dem Rucksack erzählen; ich weiß immer noch nicht, wer der Alle ist.«

Das von mir nicht gelöste Rätsel hat der Vater des Jungen auflösen können. Ihm fiel nämlich ein, dass er wohl häufig zu seinen drei quengelnden Söhnen sage: »Regt euch nicht auf, das wird sich schon alles ergeben.« In welchem Alter sein jüngstes Kind aus diesem Satz »Alle« und »geben« herausgehört hat, bleibt offen.

Kleine Kinder haben die Fähigkeit, ihre Umwelt zu beseelen. So kann ein Tisch beseelt werden. Er wird dann als »böse« bezeichnet, wenn man sich kräftig an ihm gestoßen hat. Auch Wörter können beseelt werden. »Alles« ist zu einem »Alle« geworden, zu einer Person, und Personen können schenken und trösten. Kleine Kinder holen sich auch auf eigene Faust Tröster. Das magische Denken kann uns an unser Denken im Traum erinnern. Vielleicht kann die Traumsprache helfen, sich in der symbolischen Kindersprache ein wenig besser zurechtzufinden. Wir schließen deshalb hier einen Traum an, der mir von einem kleinen Schulkind berichtet wurde.

Von der Süße der Zitronencreme

Ob sich der Leser vorstellen kann, wie ihm zumute sein würde, wenn er sich in einem großen Zimmer mit lauter Zitronencreme befände? Überall, wohin er greife, nach oben oder nach unten, nach rechts oder links, könne er in die herrliche, süße und schaumige Zitronencreme greifen und sich vollschlagen mit dieser Speise, die zu den besonderen und nicht alltäglichen Leckereien gehört. Das Zimmer wird nie leer werden, diese köstliche Speise wächst immer nach, von unsichtbarer Hand bereitet. Man braucht gar nichts dafür zu tun.

So sieht der Wunsch eines achtjährigen Jungen aus, der als ältester unter drei Brüdern aufwächst, von den Eltern geliebt und vor allem deshalb anerkannt, weil er hart im Nehmen ist, seine Pflichten ernst nimmt und unvermeidliche Schmerzen bei Krankheit oder ärztlichen Eingriffen auf sich nimmt, ohne zu klagen. Der Junge ist fleißig und hat Freunde, er ist ausgesprochen selbständig und hat viele gute Ideen für seine freien Alltagsstunden. Im Kreis der Kinder ist er der gern gewählte Anführer, dem man Gerechtigkeit zutraut. Man hat erfahren, dass Ralf zu seinen Worten steht. Nur einen Kummer haben die Eltern, und vor allem hat ihn auch Ralf selbst. Er kann manchmal seinen Gelüsten nicht widerstehen. Er lässt sich verführen von bunten Stiften in einem Schreibwarenladen oder von blanken Münzen auf Mutters Küchentisch. Er nimmt sich diese Vergehen so übel, dass er sie auch nicht den Eltern gestehen mag. Und darum leugnet er es, wo ihm selbst das Leugnen unsinnig erscheint. Wird er ein schlechter Mensch werden? Das ist seine lange zurückgehaltene Angst.

Zunächst einmal: Alle Kinder kommen irgendwann einmal in die Versuchung, etwas zu nehmen, was ihnen nicht gehört. Das sollten Eltern nicht vergessen. Wenn Strafgerichte so ausfallen, als stürze die elterliche Gewissheit über Gut und Böse angesichts eines solchen Vergehens in sich zusammen, haben Eltern im pädagogischen Feld wenig Chancen. Das heißt: Ein Kind kann sich einem erregten oder gar moralisch verurteilenden Erwachsenen nicht wirklich anvertrauen, auch wenn Hunderte von Angeboten, Mutter und Vater könne man alles sagen, ausgesprochen werden. Es ist nicht immer leicht zu verstehen, warum ein Kind wegnehmen muss. Und schon gar nicht kann das Kind diese Frage beantworten. Auch für die Eltern von Ralf war es schwierig, den Gründen auf die Spur zu kommen.

Der Traum konnte in diesem Fall zu einem Kompass auf der Suche nach möglichen Gründen werden. Die Eltern hätten ihrem Sohn einen so ausgedehnten Schleckerwunsch nie zugetraut. Wenn Ralf sich ein Gewehr gewünscht hätte oder eine Ausrüstung zum Eishockeyspiel, das hätten sie gut verstehen können. Wie aber kommt gerade er zu einem solchen Schleckerwunsch? Der Wunsch nach der nie ausgehenden süßen Speise klingt wie aus einem Märchen. Ralf weiß längst, dass es ein solches Zimmer mit Zitronencreme nicht geben kann. Und dennoch tat ihm der Wunsch so gut: »Abends, wenn ich einschlafen will, muss ich immer an sie denken!« Die »Süße« der Speise will nicht immer wörtlich verstanden werden, sie kann wie im Märchen Symbolcharakter haben. Die »Süße« des Lebens ist uns allen vertraut. Wir sprechen von ihr in unterschiedlicher Bedeutung; immer hat sie mit Zärtlichkeit zu tun, mit der Nähe zu einem geliebten Menschen, mit weichen Gefühlen.

Ralf wird nun gerade in denjenigen Charaktereigenschaften bestätigt und gelobt, die es ihm möglich machen, die Härte des Alltags anzunehmen und in ihm zu bestehen. Sensible Kinder, und zu ihnen gehört auch Ralf, erspüren schon in sehr jungen Jahren, welche Eigenschaften den Eltern besonders liebenswert sind. Sie mühen sich darum, so zu sein, wie sie die Eltern haben wollen. Sie identifizieren sich unbewusst mit den Werten, die Mutter und Vater von Bedeutung sind, weil Kinder lebensnotwendig darauf angewiesen sind, von ihren Eltern geliebt zu werden. So kann es geschehen, dass eigene Gefühlsbedürfnisse nicht in dem Maß nach außen zugelassen werden, wie es innerlich einem Kind entspräche. Weiche Gefühlsregungen werden im Elternhaus von Ralf ängstlich abgewehrt. Die drei Jungen sollen hart für das Leben gemacht werden. Bei Ralf ist die Sehnsucht nach Nähe und Zärtlichkeit tief ins Dunkle seiner Seele gesunken. In seinem Wunsch nach immerwährender Lebenssüße klingt sie unüberhörbar an. Seine Lebensgeschichte macht deutlich, dass er immer dann, wenn »Zärtlichkeitshunger« sich in ihm meldet und ungesättigt bleibt, zu »Ersatzfutter« greift. Auf irgendeine Weise muss sich sein Begehren Luft schaffen. Was soll er tun, wenn Zärtlichkeitsbedürfnisse in seinem Leben keinen Futterplatz finden können? Ralf hat ungewollt durch seine gelegentlichen »Gelüste« an auffälligem Ort die Eltern dahin geführt, erneut über ihren Sohn nachzudenken. Sie haben es nicht schwer gehabt zu verstehen, dass die Härte des Lebens nicht dadurch vermittelt wird, dass Zärtlichkeitsbedürfnisse unbefriedigt bleiben. Gefühle können so »klug« sein, dass sie uns wissen lassen, wo ein Kind nicht satt wird.

Toleranz kann bitter enden

Drei Jahre alt ist Monika gewesen, als ihre »schlimme Zeit« begann. Temperament habe sie vom ersten Lebenstag an gehabt, mit sieben Monaten kroch sie bereits durch die Wohnung, genau am ersten Geburtstag präsentierte sie ihre ersten selbständigen Schritte, und mit zwei Jahren nahm sie sicher den Telefonhörer ab und meldete sich mit »Nika«. Mit drei Jahren fand sie sich jedoch nicht mehr bereit, »elterliche Anordnungen« zu akzeptieren, unabhängig davon, ob diese milde und wohlwollend oder streng vorgebracht wurden.

Heute ist Monika fünf Jahre alt. Wenn ihr irgendetwas nicht passt, oft geschehe es auch »ohne Grund«, trample sie mit den Füßen auf Sofa und Stühle, reiße Tassen aus dem Schrank und werfe sie mit Flüchen an die Wand. Sie nehme auch heimlich die Schere, zerschneide Decken und Kissen und scheue nicht davor zurück, die Kleidung der Mutter, die im Kleiderschrank hängt, zu zerschneiden. Die Liste der aggressiven Handlungen ließe sich mühelos verlängern.

Monika hat im Laufe der letzten beiden Jahre immer neue Zerstörungsaktionen erfunden. Die Eltern übersehen meist diese Zerstörungen ihres Kindes und sprechen oft bis zu acht Tagen kein Wort mit ihm. Sie meinen, das Nicht-Beachten des Kindes sei heilsamer als eine Tracht Prügel. Wenn sie wirklich einmal zuschlagen, kommen sie in heftige Erregungen, so dass ihnen vor ihren eigenen Affekten bange wird. Die Erfahrungen lassen sie verstärkt an der Strafe des Nicht-Beachtens festhalten.

Der Leser, der die Serie von Zerstörungen liest und sich für einen Augenblick die angedeutete Familiensituation vorzustellen versucht, wird vermutlich eher gegen das zerstörende Kind Stellung beziehen als sich die Frage stellen, wie ein so kleines Kind in eine solche Gegenaktion zu den Eltern kommen kann. Ob er dieses Kind dann strenger anfassen, Essensentzug einführen oder es aus dem Hause haben will, ist zunächst unbedeutend. Wichtig ist die gefühlsmäßige Gegeneinstellung gegen ein auffälliges Kind. Sie erzeugt so etwas wie einen Dauerstrom negativer Energien, und diese fließen unaufhaltsam in die pädagogischen Maßnahmen ein, heißen sie nun Güte oder Strenge.

Darum können pädagogische Maßnahmen allein nicht greifen. Auch die Einzeltherapie des Kindes wäre beim gegenwärtigen Stand keine ausreichende Hilfe. Es muss hier ergänzt werden, dass die zunächst empfohlene kinderärztliche und neurologische Untersuchung von Monika keine positiven persönlichen Befunde erbracht hat.

Schon die kleine Skizze wird deutlich gemacht haben, dass dieses Kind aus Leibeskräften, gleichsam mit seiner ganzen Existenz, gegen die Nicht-Beachtung seiner Person angeht. Und die Eltern dokumentieren ihrem Kind mit dem Mittel der Nicht-Beachtung, dass es nicht zu ihnen gehört. Um zu überleben, sind Kinder auf die Zugehörigkeit zur Familie körperlich und über lange Zeit auch seelisch angewiesen. Der Kampf gegeneinander auf diesem angedeuteten Hintergrund muss also dramatische Formen annehmen.

Vielleicht kann mit dieser knappen Beschreibung dessen, was zwischen den Erwachsenen und ihrem Kind vor sich geht, ein erster Zugang zu dem lebensgesetzlichen Gewicht von Beziehung möglich werden. Darum folgt an dieser Stelle ein Erkenntnissatz aus der Kommunikationspsychologie, die sich seit einigen Jahrzehnten mit dem Phänomen »Beziehung« befasst.

Die Beziehung spielt sich *zwischen* den Menschen ab. Sie ist eine unsichtbare Wirklichkeit. Diese zwischenmenschliche Wirklichkeit hat eine ganz andere Qualität als die Gegenstände, die wir Menschen ebenfalls wahrnehmen können. Gegenstände lassen sich genau beschreiben, objektiv erfassen. Die Beschreibenden können sich daher auf richtig beziehungsweise falsch einigen. Das »richtig« beziehungsweise »falsch« gilt jedoch für die zwischenmenschliche Wirklichkeit »Beziehung« nicht. Sie lässt sich nicht wie ein Gegenstand objektivieren.

Es wird aus den wenigen Sätzen von oben spürbar geworden sein, dass sich beide Seiten im Recht fühlen: Das Kind pocht auf sein elementares Lebensrecht, gesehen zu werden. Die Eltern pochen offensichtlich auf das ihnen zustehende Recht, das Erziehungsziel ihres Kindes zu bestimmen. Beiden Generationen wird man das Recht zugestehen, ihr jeweiliges Selbst- und Weltverständnis anzumelden. Eine pädagogische Beziehung kann jedoch auf diesem Hintergrund nicht zustande kommen. Pädagogik heißt immer auch Lebenshilfe, entsprechend der jeweiligen Entwicklungsstufe des Heranwachsenden. Kinder sind auf diese Hilfe angewiesen. Es ist schlichtweg falsch, dem Kind »zuzubilligen«, seine noch triebhaften Impulse als Maßstab für sein Tun und Lassen durchzusetzen. Eine schlimmere Überforderung kann man dem jungen Menschen nicht antun. Was die Qualität einer pädagogischen Hilfe ausmacht, wird im Kapitel »Über das Erziehen – ein unendliches Thema« beschrieben werden. Nach diesem kleinen Exkurs zur Beziehungsforschung wieder zurück zu Monika.

Monika ist ein ausgesprochen bewegungsfreudiges Kind gewesen. Sie beginnt schon mit 13 Monaten aktiv auf die Welt zuzugehen und sich ihrer zu bemächtigen. Sie tut es im Wonnegefühl ihrer wachsenden Bewegungskräfte, das alle kleinen Kinder im zweiten und dritten Lebensjahr neugierig und unerschrocken die Dinge der Umgebung zerlegen, auseinander nehmen und untersuchen lässt. Die erste aktive Welteroberung des kleinen Menschen besteht vom Standpunkt der Erwachsenen aus in einer Unzahl von höchst destruktiven Aktionen. Diese Aktionen entspringen nun nicht, wie immer wieder behauptet wird, einer puren Lust am Vernichten und Zerstören, einer Missachtung von Eigentum und elterlichen Ermahnungen. Sie entspringen vielmehr der lustvollen Erprobung eigener Kraft und eigener Macht, die durch die reifende Motorik ermöglicht wird. Im Gefühl dieser biologisch vorgegebenen reifenden motorischen Kräfte erlebt das Kind: Ich kann an die Welt herangehen, ich kann mich in ihr ausbreiten, meinen Bewegungsraum vergrößern, ich kann die Welt bewältigen und sie mir »untertan« machen.

Wie mit den Gegenständen und auch mit den Hindernissen dieser Welt umzugehen ist, wird langsam durch Versuch und Irrtum erlernt. Die Gegenstände, aber auch die für Kinder beliebten kleinen Tiere »weigern« sich auf ihre eigene Weise, nicht einfach gehandhabt zu werden. Dieser »ausprobierende« Umgang mit Tieren und Gegenständen – und das ist auch zum Spielen anregendes Spielzeug – ist eine durch nichts zu ersetzende Lernmöglichkeit für kleine Kinder. Wer als Kind das Risiko nicht auf sich nehmen kann, an Neues, Unbekanntes heranzugehen, bleibt in seiner seelischen und geistigen Entwicklung zurück – auch dann, wenn es das Buchstaben-Erkennen zustande bringt.

Wie haben sich Monikas Eltern ihrem Kind gegenüber in diesen beiden Lebensjahren verhalten? Monikas Eltern sind der kleinen Tochter böse gewesen. Je lustvoller und aktiver sie versucht hat, die Welt zu erproben und zu erforschen, desto mehr haben sie sich von ihren Aktionen zurückgezogen, sich einer Stellungnahme enthalten und sie »gewähren« lassen. Sie haben die ungesteuerten Handlungen des Kindes als Zeichen von Boshaftigkeit und Undankbarkeit interpretiert, sie fühlten sich persönlich angegriffen und gaben sehr schnell auf, das »Temperament« der Tochter zu »zügeln«. Sie sollte am eigenen Leib Erfahrungen machen (es wird noch berichtet, wie diese ausgesehen haben). Die Eltern erlebten sich zunächst sehr viel mehr in der Rolle der Kapitulierenden als in der der Gewährenden. Aber nicht nur Kinder, auch Erwachsene können nicht ständig in der Rolle des Unterlegenen leben.

Die Eltern meinen heute: Wir haben die »moderne Linie« der freien Erziehung eingehalten und stellen nun fest, dass sie nicht tauglich ist. »Zwei Jahre haben wir durchgehalten, dann haben wir uns umgestellt.« Die knapp dreijährige Tochter halten die Eltern dann für groß genug, um an ihren Verstand zu appellieren. Fast über Nacht stellen sie ihre Erziehungsgrundsätze um und neue Regeln auf: Monika soll nun gehorchen lernen. Sie hat es immer noch nicht gelernt, widersetzt sich den »Anordnungen« und kommt in immer heftigere Wutanfälle. Eine hieraus resultierende Verzweiflung von Eltern ist ein legitimer Grund, sich um professionelle Hilfe zu bemühen.

Abschließend soll hervorgehoben werden: »Gewähren« und »Freiheit« sind hier völlig missverstanden. »Jede Idee«, so schreibt der Begründer einer der wohl freiheitlichsten Internatsschulen der Welt, Alexander S. Neill[10], »kann gefährlich werden, wenn sie bei ihrer Anwendung nicht mit dem gesunden Menschenverstand verbunden ist.«

Die Wut in Monika war so groß geworden, dass sie die Welt kaputtmachen musste – und keiner war da, sie wieder heil zu machen, ihr die Orientierung zu geben, was gut und richtig, was falsch und gefährlich ist. Sie machte auch sich selbst »kaputt«. Monikas Weltbild müsste etwa so ausgesehen haben: »Ich lebe unausweichlich auf ein Chaos zu. Die Welt ist voller Tücken, Gefahren und Unheil. Was ich auch tue, es wird gefährlich enden.« Monika erlebt während ihres dritten und vierten Lebensjahres 14 Unfälle. Den ersten Schritt aus dem eingeschliffenen Beziehungskreis können nur die Eltern machen. Wer diesen vom Kind erwartet, übersieht die seelischen Proportionen, die zwischen den Generationen bestehen.

Trotzköpfe kann man »züchten«

Roland will sich nicht mehr baden lassen, und gerade das Baden war eine seiner großen Freuden während der ersten beiden Lebensjahre. Jetzt, wo er sichtbar selbständiger geworden ist, »ich« sagen kann und heftig seinen Willen bekundet, wenn man an einer unüblichen Stelle ihm sein angestammtes Entscheidungsrecht einzuräumen vergisst, setzt er ausgerechnet dann seine Eltern matt, wenn sie für seine Körperpflege sorgen wollen. Genauer gesagt ist es der Vater, der eine neue Art von Körperpflege einführen will. Von heute auf morgen hat er den Entschluss gefasst, das Söhnchen abzuhärten, bevor es ein Sohn geworden ist. Die Mutter lässt durchblicken, dass dem Vater an einer festen Willensentscheidung dem Sohn gegenüber gelegen ist. Sollte dieser väterliche Trend mit dem erstarkenden Willen seines Sohnes zusammenhängen?

Seit der Vater den neuen »Dusch-Plan« aufgestellt hat, weigert sich der Sohn, die Wanne zu besteigen. Er isst das Abendbrot nicht mehr auf, wirft seine Spielsachen an die Wand und schreit so laut, dass die Nachbarn wohl bald fragen werden, was diese Eltern mit diesem Söhnchen allabendlich anstellen. Der Vater stellt tatsächlich etwas an, ohne es selbst recht zu bemerken. Er ergreift den abwehrenden Sohn mit väterlicher Gewalt, zieht ihn unsanft im Badezimmer aus und verlangt kategorisch, er solle sich »unerschrocken« in die Badewanne stellen. Er erklärt ihm dann mit vielen Worten, wie das Duschen vor sich gehe, von unten nach oben und wieder nach unten, dass kaltes Wasser viel gesünder als warmes und dass alles gar nicht so schlimm zu ertragen sei, wenn er nur still stehe. Aber genau das kann der Sohn natürlich nicht.

Roland macht protestierend und bereitwillig zugleich dem Vater ein prächtiges Angebot – er will es selbst tun, das Abduschen. Prächtig ist dieses Angebot deshalb, weil es bereits einen konstruktiven Beginn darstellt, in Vaters Plan einzuwilligen. Der verärgerte Vater lässt diese Chance vorüberziehen und plädiert für seinen »Unten-oben-Plan«, das heißt dafür: Nur ich habe hier zu bestimmen. So muss das abendliche Abhärten mit nicht eingeplanten »harten« Herzen enden. Auf der Seite des Sohnes hat dieses harte Herz dazu geführt, sich nun auch am Morgen von der Mutter nicht mehr waschen zu lassen; auf der Seite des Vaters dazu, dass er hart bleiben wird – des Abhärtens wegen.

Die Argumente des Vaters sind eine Rechnung ohne den Wirt: Das sich entwickelnde Kind ist nicht mit einbezogen. Wenn Roland jetzt schon damit beginne, seien ihm Duschen und Körperpflege eines Tages zur zweiten Natur geworden. Außerdem müsse der Sohn auch »anderer Leute« Entscheidungen annehmen lernen; wie solle er sonst im Leben zurechtkommen können? Offensichtlich ist dem Vater tatsächlich an einer Überlegenheit dem Sohn gegenüber gelegen, wie die Mutter hat durchscheinen lassen.

Ein sich entwickelndes Kind lebt noch ganz im Augenblick; was ihm jetzt und heute Freude macht, wird ihm auch für seine Zukunft nutzen. »Das Wasser ist so stark«, hat Roland die Frage beantwortet, was schlecht am Duschen sei. »So stark, dass es ihn umwerfen kann«, werden wir ergänzen dürfen. Wen sollte diese Aussicht nicht ängstigen? »Unerschrockenheit« lässt sich nicht anordnen und auch nicht durch Gehorchen erzwingen. Der Vater setzt die falschen Mittel für ein erstrebenswertes Ziel ein. Das allein jedoch macht den »trotzigen« Jungen noch nicht verständlich.

Wegen seines heftigen Trotzens an »unsinnigen« Stellen habe ich Roland kennen gelernt. Er ist damals vier Jahre und drei Monate alt. Der väterliche »Dusch-Plan« hat auch das Herz der Mutter nicht unberührt gelassen. Er hat zu Streit mit ihrem Mann geführt. Sie möchte, dass er den Plan aufschiebt, zumindest verändert, weil das jämmerliche Geschrei des Kindes doch »auch etwas zu bedeuten« habe. Der Vater hat damit zwei Gegner für seinen gut gemeinten Plan bekommen, leider macht ihn das noch härter. Die Mutter stellt nun ihrerseits etwas an, was zwar nicht zum Nachbarn dringt, aber tief in das Leben des Kindes. Sie schimpft am Tag auf den Vater, weiht den kleinen Sohn unmissverständlich ein, dass der Vater nicht wisse, was er tue, dass er »böse« sei und Roland sich nichts daraus machen solle. Am Abend dann, wenn die kummervolle Stunde da ist, steigt die Mutter aus der Rolle der Verbündeten wieder aus und überlässt den Sohn seinem Vater, der »nicht wisse, was er tue«. Roland ist drei Sommer und drei Winter auf dieser Welt, als sie sich ihm in so verwirrender Weise darbietet.

Er lebt mit seinen drei Jahren in einer Entwicklungszeit, die wir leider noch immer die »Trotzphase« nennen. Gerade diese frühe Zeit der unübersehbaren Bedürftigkeit nach eigenständiger Lebensgestaltung, nach Autonomie, hätte einen Namen verdient, der den erziehenden Erwachsenen keine Angst mehr einflößt vor dem Widerstand und der Beharrlichkeit im eigenen Standpunkt ihrer kleinen Kinder, auch wenn diese Tugenden noch ungeschickt nach außen dringen. Denn in dieser Bedürftigkeit meldet sich der dem Menschen innewohnende Impuls an, mitzugestalten und mitzuentscheiden in dieser Welt. Ein Kind könnte sich nicht zu einem eigenständigen Menschen entwickeln, wäre es nicht mit dieser Kraft ausgestattet.

Man spricht in diesem Zusammenhang von einer »zweiten Geburt«, die sehr viel länger andauert als die erste. Gemeint ist damit die Erfahrung des Kindes, dass es »ein Ich« ist, dass es sich von den »Riesen« abhebt, die es bisher bestimmt haben. Es hat damit etwas existenziell Entscheidendes entdeckt. Nach vielen Monaten der Abhängigkeit wagt es den Sprung in seine einmalige Persönlichkeit. Und dieses Wagnis drückt sich in vielen Neins aus, an Stellen, an denen sie von der Sache her gesehen nicht hingehören. Es geht dem Kind auch gar nicht um die Sache. Es geht ihm darum, sich als eigenständige Person deutlich zu machen. »Mama, Roland ist jetzt ständig ein Neiner«, sagt die ältere Schwester von ihrem dreijährigen Bruder.

»Meine Sonne ist immer blau«

»Unsere Tochter ist jetzt bald fünf Jahre alt und immer zeichnet sie die Sonne blau. Ich sage ihr so oft, sieh sie dir an, die ist doch gar nicht blau. Du hast doch auch goldene Farben in deinem Kasten.«

Annabell ist im Wartezimmer zurückgeblieben. Sie hat sich Malblock und Buntstifte erbeten. Sie weiß, dass sie jederzeit zur Mutter und mir kommen kann. »Was macht Ihnen bei den falschen Farben so viel Sorge?« »Wie soll das in der Schule werden, die Lehrerin muss sie doch für dumm halten. Manchmal denke ich sogar, unser Kind ist vielleicht farbenblind.« Noch knapp zwei Jahre hat dieses Kind bis zum Schulbeginn Zeit. Schon sitzt das Schulgespenst der Mutter im Nacken. Durch unsere extremen Leistungsauflagen verkürzt sich offensichtlich die Kindheit immer mehr.

Annabell kommt ins Zimmer, sie hat anmutige Bewegungen und einen heiteren Gesichtsausdruck. Wie zu erwarten, hat sie ein Bild mit einer blauen Sonne gemalt. Mir fällt auf, dass sie dieses Bild zunächst der Mutter zeigt, die ja genügend blaue Sonnenbilder gesehen hat und über die falsche Farbauswahl Bescheid weiß. Und natürlich weiß auch die kleine Tochter Bescheid, dass jetzt die lange Rede von der falschen Farbwahl folgen wird. Mir kommt es so vor, als spiele sie mit ihrem Bild eine Trumpfkarte aus, etwas, was die Mutter ärgern wird. Kinder finden schnell heraus, an welchen Stellen sie Eltern ärgern oder milde stimmen können.

Ich sehe mir in Ruhe das Bild an und überlege, wie ich wohl das Motiv zur blauen Sonne ergründe. »Mir gefällt sie gut, die blaue Farbe. Ich kenne einen Maler, der hat blaue Pferde gemalt. Ich hätte gern von ihm gewusst, warum er sie blau gemalt hat. Pferde sehen doch braun oder schwarz aus.« »Der hat die blauen Pferde bestimmt gern gehabt.« »Das kann gut stimmen. Kannst du schon sagen, was dir an der blauen Farbe so gut gefällt?« »Die mag mein Papa am liebsten.«

Meine Vermutung hat sich bestätigt. Kleine Töchter lieben manchmal ihre Väter in der Altersstufe von Annabell besonders heftig. Sie möchten auch wie ihre Mütter einen Mann haben und darum können sie ihnen gegenüber recht kritisch sein. Auch diese Mutter reagiert fast eifersüchtig: »Und warum hast du mir das nicht gesagt?« Eine Antwort möchte ich der kleinen Liebenden nicht zumuten. »Manchmal ist es gar nicht einfach zu sagen, was da für Wünsche in einem drin sind. Vielleicht ist es der Mama auch schon so ergangen.«

»Mutti hat Vati – und wen habe ich?«

Ilona lernte ich kennen, als sie das zweite Jahr das Gymnasium besuchte. Sie stand kurz vor der Vollendung ihres zwölften Lebensjahres, hatte damals schon mehrere Monate ihre Periode und war körperlich ein recht weit entwickeltes Mädchen. Sie fing an, bei manchen Fächern von der Schule wegzubleiben, ohne dass ihre Eltern davon wussten. Diese wurden auf das recht umfangreiche Schulversäumnis erst durch einen entsprechenden Zeugniseintrag aufmerksam.

Sie blieb nicht etwa den Schulfächern fern, deren Anforderungen sie zu fürchten hatte, sondern den Fächern, die von männlichen Lehrkräften unterrichtet wurden. Bisher hatten die Eltern und auch die Lehrerschaft den Zusammenhang von unentschuldigtem Fehlen und männlichen Lehrern nicht bemerkt. Ilona erlebte erstmals im Gymnasium männliche Lehrer.

Nach dem Bekanntwerden der Schulversäumnisse dramatisierten beide Teile das Wegbleiben als ein moralisches Vergehen; als Undankbarkeit gegenüber den Eltern einerseits und als Hintergehen einer verpflichtenden Schulordnung andererseits. »Ich war froh, dass kein Erwachsener ahnt, was mir so schrecklich peinlich ist«, so erlebte die Elfjährige die moralischen Interpretationen der Erwachsenenwelt.

Dass dieses Mädchen in Gegenwart von männlichen Lehrkräften heftige Gefühlskonflikte erlebte, die mit seinen Vorstellungen, Erwartungen und Befürchtungen Männern gegenüber zu tun haben müssen, wird schon den wenigen bisherigen Angaben zu entnehmen sein. Uns soll nun hier nicht das aktuelle Problem des Mädchens interessieren, sondern die Frage, wie es zu diesen spezifischen Gefühlsunsicherheiten gekommen ist. Wie sind Mutter und Vater in der Vergangenheit mit ihrem Kind umgegangen, wie hat Ilona ihre Eltern erlebt? Wir begrenzen uns hier auf die Erfahrungen, die die Werdegeschichte ihrer aktuellen Vermeidetaktik den männlichen Lehrkräften gegenüber ein wenig erhellen können.

Ilona wächst als Einzelkind auf. Ihre Mutter ist bei ihrer Geburt 33 Jahre, der Vater 42 Jahre alt. Die Mutter bezeichnet sich als Frau, die die »platonische Liebe« wohl schon als junges Mädchen der körperlichen Liebe vorgezogen habe. Mit Freuden habe sie dem Baby die Flasche gegeben, auf diese Weise habe sie ihm »unbefangen nahe« sein können. Sie erinnert sich, dass sie immer sehr erschrak und hilflos war, wenn das kleine Kind auf ihre Brust fasste und wissen wollte, »was da drinnen« sei. Ilona wollte auch den »Vorderpopo« der Mutter anfassen und genau betrachten, das habe diese »natürlich nicht erlaubt«. Das ungewöhnliche Wort für den Unterleib und die Schamgegend stammt von der Mutter. Es habe sich ihr wie von allein ergeben, weil ja »der Popo hinten« ist. Den mütterlichen »Hinterpopo« habe Ilona betrachten dürfen. Sie wurde auch informiert, dass sich darin der Darm befindet, aus dem das »Häufchen« herausrutscht. Wir dürfen mit gutem Grund annehmen, dass das kleine Kind die Unsicherheit und Erklärungsnöte der Mutter gespürt hat. Was kann ein Kind neugieriger machen als das, was die Eltern ihm verschweigen wollen?

Ilona fing folgerichtig an, ihren eigenen »Vorderpopo« zu entdecken. Sie tat es mit den Lern- und Eroberungsweisen von kleinen Kindern, die eine neue Welt im »Begreifen« und »Anfassen« zu erforschen suchen. Sie fasst ihre Schamlippen und ihre Scheide an und will ergründen, woher das »Bächlein« kommt. Die Eltern stehen ratlos vor dem »sexuellen Treiben« und versuchen zunächst, durch Nichtbeachten die Tochter von diesem »Treiben« abzulenken. Als das nichts hilft, gehen sie dazu über, die »böse« Hand zu bestrafen. Die jeweils »böse« Hand, die beim Betasten der Genitalzone ertappt wird, bekommt eine bunte Schleife um das Handgelenk und darf an diesem Tag gar nichts mehr anfassen. Ein kleines Kind erlebt seine Hand als Pars pro toto, als Teil, der für seine Gesamtpersönlichkeit steht. So muss die Bestrafung der bösen Hand die Erfahrung vermitteln: »Ich, die ganze Ilona, bin ein schlechtes und böses Kind, weil ich meinen › Vorderpopo‹ anfassen will.«

Ilona beginnt dreijährig zu onanieren und hat das Unglück, einem Kinderarzt vorgestellt zu werden, der mit »Statistiken« den Eltern erklärt, Onanie sei der Anfang einer sexuellen Perversion. Er empfiehlt striktes Anbinden der Hände während der Nacht und macht selbst dem Kind eindringlich klar, dass die Hände nichts am Popo zu suchen haben. Das allabendlich weinend vorgebrachte Versprechen der kleinen Tochter, »es nie, nie, nie wieder zu tun«, zählt nach dieser ärztlichen Empfehlung nichts. »Der Onkel Doktor« hat es angeordnet. So dringt zusätzlich zu der Ratlosigkeit der Eltern eine weitere verurteilende Autorität auf Ilona ein, und wir dürfen annehmen, dass sie nicht nur widerstreitende Gefühle ihren Eltern, sondern zugleich auch ihrem Unterleib gegenüber erlebt. Und da sie beim Onanieren gewiss auch angenehme Gefühle empfunden haben wird, wird diese zu meidende Körperzone mit Ja *und* Nein besetzt, mit Wünschen und Ängsten.

Mit diesen ambivalenten Gefühlen kann Ilona auch im Größerwerden nicht mehr unbefangen nach Mann und Frau fragen, sich nicht mehr neugierig erkundigen, wie Kinder entstehen oder wie sie aus dem Bauch ihrer Mutter herauskommen. Das Einzelkind Ilona beobachtet, die Erwachsenen reden »immer so viel miteinander«. Vater und Mutter haben tatsächlich über ihre Sorgen miteinander sprechen können, und das ist schon sehr viel. Aber bei Problemen, die weitgehend von unbewussten Gefühlen bestimmt sind, kann Reden allein nicht zur Klärung beitragen. Die Eltern kommen nur bis zu dem »unguten« Satz, an den sie sich dann klammern: »Wir sind auch nicht aufgeklärt worden und haben doch nichts versäumt.« Ungut nenne ich diesen Satz deshalb, weil er jedes weitere Verständis für das eigene und auch für das kindliche Problem blockieren muss.

Dieser Satz hat auch mich damals hilflos gemacht und mich fragen lassen, werde ich bei diesen sehr bemühten und gleichzeitig festgelegten Eltern die eingefahrene Blockierung auflösen können? Meine anfängliche Skepsis habe ich unerwartet schnell aufgeben können. Schon nach wenigen Gesprächskontakten kann der Vater aussprechen, dass ihn ein Erlebnis mit der damals vierjährigen Tochter eigentlich bis heute irritiere. Und doch habe dieses kleine Kind ihm damals geholfen, seine eigene Unsicherheit im sexuellen Bereich zuzulassen. »Es war wie ein Blitz, der diese Unsicherheit aufleuchten ließ.« Wie sieht das für diesen Vater hilfreiche Ereignis aus?

Ilona, knapp vier Jahre alt, spielt an einem Sonntagmorgen im Bett des Vaters. Vater und Tochter albern herum und genießen noch ein unbekümmertes Miteinander. Plötzlich schreit die kleine Tochter auf: »Bei Vati geht der Darm heraus!« Sie hat unter seinem Schlafanzug seinen Penis gesehen und weiß nicht, dass Männer einen solchen Körperteil haben. Sie weiß etwas vom Darm, der in den Popo hineingehört. Der Vater ist durch ihren Ausruf sehr betroffen und will ihn auf alle Fälle richtig stellen.

Aber wie mit einem vierjährigen Mädchen sprechen, das über Geschlechtsunterschiede und Geschlechtsteile noch nie von den Eltern gehört hat? »Das ist kein Darm – das ist etwas Heiliges, damit kann man Kinder machen«, so etwa sei damals seine Antwort ausgefallen. Er selbst erlebt »wie ein Blitz« seine extreme Unsicherheit der Tochter gegenüber und nimmt sich – bisher vergeblich – vor, mit ihr »klar und wahr« über Mann und Frau zu sprechen. Auch Ilona erinnert sich an dieses Ereignis. Dass ausgerechnet am Popo, den sie nicht anfassen darf, »etwas Heiliges« verborgen ist, hat ihr viel zu schaffen gemacht. Sie hat die Verlegenheit des Vaters sehr genau erspürt und hat daher über diese Ungereimtheit mit den Eltern nicht sprechen mögen.

Ilona hat sich zunehmend stark damit beschäftigt, irgendwann einmal die männlichen Geschlechtsteile zu sehen. Sie hat sich gleichzeitig dieses Bedürfnis auch wieder verboten, es als schlecht und böse empfunden und sehr darunter gelitten, so »komische« Gedanken in sich zu haben. Es macht ihr zu schaffen, dass sie keine Aussicht sieht, jemals über ihre brennenden Fragen mit jemanden reden zu können. Und so empfindet sie das Los der Mutter, die verheiratet ist und immer ihren Mann zum Reden hat, als sehr verlockend: »Mutti hat Vati – und wen habe ich?« Dieser Wunsch wird mit seinen wenigen Worten deutlich machen können, dass die Vertrauensbrücke zwischen ihr und ihren Eltern schmal ist. Sie fühlt sich umsorgt und zugleich allein gelassen. Ihre geheimen Wünsche nach Zugehörigkeit sind so intensiv, dass sie das Risiko, für sich selbst einzutreten, nicht auf sich nehmen mag.

Noch kann sich Ilona nicht vorstellen, sich nach anderen Informationsquellen umzuschauen. Sie lebt mit dem Glauben, später – erst in der Ehe – wird es möglich sein, ihre Fragen anzumelden. Einer der Gründe für ihre Schulflucht zu bestimmten Unterrichtsstunden hängt damit zusammen, dass sie, ohne es zu wollen, immer auf die »verschlossenen Hosenschlitze« schauen musste.

Mit diesen Eltern war entgegen meiner ersten Erwartung gut zu reden. Sie konnten nachempfinden, dass Jungen es im Vergleich zu Mädchen meist leichter haben, mit ihren Geschlechtsteilen zurechtzukommen. Sie haben ein Glied, das sie selbstverständlich handhaben und vorzeigen lernen. Die weiblichen Geschlechtsorgane sind so gut wie unsichtbar. Sie verdienen auch genannt zu werden, einen Namen zu bekommen. Vagina allein reicht dabei nicht aus.

Ilona konnte sehr schnell in der Therapie den Wunsch anmelden, die Schule zu wechseln. Die Eltern stimmten ihr ohne Zögern zu. Sie ließ sich bereitwillig Aufklärungsbücher geben, die sie im Alleingang lesen mochte. Sie war ausgesprochen empfänglich für Kunstbilder, die weibliche Körper zeigten. Sie konnte mit großem Interesse die bildhafte Entwicklung von der Verschmelzung der Ei- und Samenzelle bis hin zum neun Monate alten Fötus betrachten. »Ich kann die Bilder gar nicht gut in meinem Kopf behalten. Ich muss sie immer wieder ansehen.«

Ich habe damals in unserer Zusammenarbeit Ilonas Wunsch angenommen, ohne die Eltern zu mir zu kommen, und sie war einverstanden, wenn die Eltern allein sich einen Termin erbaten. Es tat ihr gut, auch einen Menschen »für sich« zu haben, so wie eben ihre Mutter ihren Mann hatte, mit dem sie reden konnte. Mir war damals das Familien-Setting als Therapiegrundlage noch unbekannt. Vielleicht hätte ich dieses Mädchen zu einer späteren Zeit ermutigt, auch gemeinsame Stunden mit den Eltern einzuplanen. Familientherapie schließt nicht aus, bei bestimmten Problemen auch mit einem einzelnen Familienmitglied allein zu arbeiten.

Abschließend will ich hinzufügen, dass auch die Eltern von Ilona Aufklärungsbücher erbaten. Und als ich in einem Elterngespräch dem Vater vorschlug, den Schleier der Nächstenliebe über sein lange verjährtes Versäumnis zu legen, gab er es auf, sich für eine vergangene Unsicherheit zu rechtfertigen.

»Oma hat immer einen Kamm« oder: Vom frühen Lesenlernen

Die Forderung nach einem frühen Lesenlernen hat bei uns an Brisanz verloren. Die »wissenschaftlich abgesicherte« Empfehlungswelle der 70er-Jahre ist ausgelaufen. In meinem beruflichen Alltag habe ich damals viele unglückliche Eltern und ebenso viele unglückliche »leseunwillige« Kinder kennen gelernt. Vielleicht steht uns jedoch eine neue »Intelligenz-Steigerungswelle« ins Land:

Im November 1995 strahlte das Bayerische Fernsehen eine Reportage über »Sprachkurs schon im Mutterleib« aus. Mich erreichten danach viele Anrufe erschrockener Mütter. Der Text der Reportage liegt mir vor, ich gebe im Folgenden einige Formulierungen wieder. Sie führen in die »erste Universität für Ungeborene« in Kalifornien, ihr universitäres Markenzeichen ist ein »Fötus mit Doktorhut«. Der Zuschauer wird über das »pränatale Klassenzimmer« informiert, in dem »die Ungeborenen zur Schule gehen werden«. Ihre Mütter müssen die frühen Bewegungen ihrer noch ungeborenen Kinder »nutzen«, indem sie mit ihnen kommunizieren, das heißt unter anderem, schon im Bauch den »Kopf streicheln«. Es wird ihnen versichert, dass solche stimulierten Kinder »wirklich zu netten Personen« werden. Selbstverständlich ist die »nette Person« nicht alles. »Außerhalb des Mutterleibes« beginnt dann schon im ersten Lebensjahr das Lernen von Lesen, Zahlen und Mathematik, der Umgang mit Gleichungen und Begriffen, und im dritten Lebensjahr wird der Computer als Lebensbegleiter eingeübt. Die Industrie garantiert schon heute jährlich 2000 Computerspiele.

Offensichtlich kann es der Mensch nicht lassen, die riesige Menge unserer Gehirnzellen von Anfang an *nicht* zu nutzen. Noch immer ist es die hochzuzüchtende Intelligenz, die das Leben lebenswert zu machen verspricht.[11]

Mit der *Fibel im Laufstall* hat man in Amerika den Anfang gemacht. Es steht darin geschrieben, dass bereits sehr kleine Kinder im Alter von zehn Monaten beginnen können, das Lesen zu lernen. Man müsse ihnen dazu sehr große Buchstaben anbieten und sich der üblichen Lautsprache enthalten. Frühes Lesen stärke die Intelligenz und werde mithelfen, dass Kinder sich in der kommenden Computerwelt zurechtfinden können. Zunächst hören wir von zwei Kindern, die schon früh mit dem Lesenlernen begonnen haben. Anschließend werde ich kritisch zum frühen Lesenlernen Stellung nehmen.

Drei Jahre alt ist Kurt, lebhaft, wissbegierig und bei allem Neuen interessiert daran, ihm auf den Grund zu gehen. Seine Eltern staunen oft darüber, für was sich der Dreijährige schon jetzt zu interessieren vermag. Darum stehen sie vor einem Rätsel, warum gerade dieses lernfreudige Kind sich auf die Buchstabenwelt nicht einlassen will, zumindest nicht auf die Weise, wie es die Erwachsenen wollen. Es bleibe nicht bei der Sache, behaupte Dinge, die gar nicht stimmen, und werde zunehmend oppositionell.

Wie sehen die Behauptungen des Dreijährigen angesichts der dargebotenen Wörter aus? Kurt behauptet, das »B« sei eine Bäckerbrezel, aber eine verkehrte. Das »S« sei der Haken aus dem Metzgerladen und das »H« die kleine Leiter mit nur einer Sprosse, mit ihr könne der Vater die Äpfel vom Baum nicht holen. Die »Oma« habe immer einen Kamm und der »Opa« trage eine Fahne. Das ist weiß Gott ein kluges Kind! Es möchte den wesenlosen Zeichen Leben geben. Es will ihnen einen Sinn verleihen, der seinem Weltverständnis angemessen ist. Kurt will »verstehen«, was es mit den Strichen, Kreisen und Rundungen der Buchstaben auf sich hat. Sie müssen doch irgendetwas darstellen. Wem sollte es nicht unmittelbar einleuchten, dass »Oma« tatsächlich in ihrer Mitte einen Kamm besitzt. Man sieht ja im »m« direkt die Zinken. Und wenn Oma in der Mitte bedeutsam ist, wird es der Opa auch sein müssen. Und richtig, er trägt, wie es Männern zusteht, eine

Fahne in seiner Mitte. Wer angesichts des »p« das Fahnentuch nicht flattern sieht, weiß nicht, wie kleine Kinder die Welt erleben. Zu dieser Welt gehören auch Buchstaben. Eine Brezel, ungezählte Male schon verspeist, ist für kleine Kinder durch ihre Breite gekennzeichnet. Der Vater hält sie immer senkrecht, so muss es eben eine »verkehrte« Brezel sein. Wer wollte hier dem Dreijährigen widersprechen? Kurt hat bereits sicher erfasst, wie der Metzger seine Würste aufhängt. Wer wollte im »S« nicht einen prächtigen Wursthaken erkennen? Und dass die kleine »H«-Leiter mit nur einer Sprosse für den Apfelbaum nicht ausreichen kann, müssen wir ihm ebenfalls bestätigen. Er kann auf der väterlichen Leiter schon bis zur dritten Sprosse klettern und kommt immer noch an keinen Apfel heran.

Vielleicht können wir an Kurt verdeutlichen, wie kleine Kinder die Welt erleben: konkret und gegenständlich. Sie erleben sie unmittelbar, sind ihr noch ganz verhaftet. Kleine Kinder wollen wirkliche Dinge sehen, hören, schmecken, riechen und anfassen. Sie wollen mit konkreten Ereignissen vertraut werden. Frühkindliches Lernen geht von der Gesamtaktivität des Kindes aus. Das unterscheidet es vom Lernen etwa eines sechsjährigen Kindes oder des Erwachsenen. Diese frühen Eindrücke sind für das Kind von eminenter Bedeutung, weil sie direkt auf seine Seele einwirken. Der Vogel, den Kinder sehen, hören, beobachten und vielleicht auch anfassen, der Ball, mit dem sie spielen können, das sind Eindrücke, die in ihr Herz, in ihr Gemüt eindringen und eine solide Grundlage für ihre Bildung abgeben. Der Buchstaben-Ball oder der Buchstaben-Vogel bewirken in frühen Jahren nichts für ihr Gemüt, Kinder gehen leer dabei aus. Das leer gelassene und ungefütterte Gemüt am Beginn des Lebens kann von schwer wiegender Bedeutung sein. Es kann dazu führen, dass diese Menschen später sich in ihrem Inneren von nichts beeindrucken lassen.

Zwischen kindlicher Erlebniswelt und dem Lesen besteht ein

deutlicher Widerspruch. Das macht die große Gefährdung des frühen Lesens für kleine Kinder aus. Der Erwachsene kann mit seinen Maßnahmen manipulierend in kindliche Erlebnisweisen eingreifen. Noch ist das Kind ihm ausgeliefert.

Hannelore ist ein Wunderkind, so meinen ihre Eltern. Von klein an habe sie Interesse an Buchstaben gehabt. Das Lesebedürfnis sei ihr wohl angeboren. Mit zwei Jahren begann sie bereits das »M« auf Vaters Auto zu interessieren. Sie fand es wieder in »Maggi«, »Margarine« und im »Magazin«. Sie baut das »M« mit ihren Perlen und Bausteinen nach, ergänzt es zur »Mama« und verlangt immer mehr an Buchstabenfutter. Den Eltern bleibt nichts anderes übrig, als diesen Hunger zu stillen. Zum Spielen habe sie keine Lust gezeigt. Mit drei Jahren bekam Hannelore ein Hafttuch ins Zimmer gehängt, da kleben nun Filzbuchstaben, die die Mutter geschnitten hat. Die Fünfjährige schreibt heute ihren ganzen Namen, die Stadt, in der sie lebt, und die dicken Zeitungsüberschriften. Und alles kann sie lesen. Ob sie auch alles verstehen kann, vermag die Mutter nicht zu beantworten. Zwei bis drei Wörter lernt Hannelore an einem Tag dazu. Die Eltern wagen nicht auszurechnen, wie imponierend der Lese-Wortschatz bei Schulbeginn wohl sein wird.
Hannelore kommt im Kindergarten nicht zurecht, daher habe ich sie kennen gelernt. Die anderen Kinder meiden sie. Sie wollen nicht von ihr vorgelesen bekommen, die Kindergärtnerin soll das tun. Sie wollen auch nicht antworten, wenn Hannelore sie fragt, wie viel Buchstaben sie schon lesen können. Dass »München« zweimal ein »n« enthält, hat keines von ihnen je bedacht. »Das muss man aber doch wissen«, ist Hannelores Weltverständnis. Sie spielt im Kindergarten allein, sie tut es mit ihren Buchstaben und Büchern. Nur mit den Erwachsenen wechselt sie ein Wort. Diese empfinden das Kind »unkindlich« und machen die Eltern auf eine Beratung aufmerksam.

Hannelore gehört zu den Kindern, die nur wenig Kontakt mit anderen Menschen aufnehmen können. Das macht sie für die Eltern oft anstrengend. Sie konnte früher nur schwer etwas mit sich anfangen, war leicht gereizt und erhoffte sich ihr Tagesglück von der Mutter. Diese war unglücklich und unzufrieden mit ihrer kleinen Tochter, als noch so gar nichts ihr Interesse fand. Zumal die Mutter sich selbst nicht in der Lage sah, mit kleinen Kindern zu spielen. Sie hörte von der Chance des frühen Lesenlernens und klammerte sich an den Gedanken, vielleicht sei gerade ihr Kind zum Lesen vorbestimmt. Mit dieser neuen Hoffnung ging sie daran, die Tochter mit den Buchstaben vertraut zu machen. Kleine Kinder spüren sehr genau, wie viel Glück und Bestätigung sie auslösen können, wenn sie den Eltern auf vorgezeichneten Bahnen folgen. Hannelore war in der damaligen Lebenssituation ganz besonders darauf angewiesen, von der Mutter gemocht zu werden. Immer war diese mit der Tochter unzufrieden. So ließ sich Hannelore von der Leistungserwartung der Mutter anstecken und genoss die zugewandte Anteilnahme an ihrem neuen Tun. Das gab ihr Ansporn, sich in die fremde Welt der Buchstaben hineinzufinden. Diese Buchstabenwelt füllte gleichsam eine Lücke aus, die in der Gefühlsbeziehung zwischen Mutter und Tochter bestand. Hannelore erfuhr durch ihre »Gelehrigkeit« wieder Lob und Bestätigung. Sie durfte auch anderen Menschen ihre neuen Fertigkeiten zeigen.

Im Beratungsgespräch tritt neben dem Stolz der Eltern auf die gelehrige Tochter eine große Beunruhigung zutage. Wie eine Lawine, die auf sie zukommt, erleben Mutter und Vater den Ausblick auf die nahe Zukunft. Schon jetzt können sie die »Lesewut« des Kindes nicht besänftigen. Sollen sie ihr Bücher für Sieben- und Achtjährige zu lesen geben? Ein Antrag auf vorzeitige Einschulung mit fünf Jahren ist abgelehnt worden. Der Vater möchte seine Tochter gleich für die zweite Klasse anmelden. Die Mutter sieht darin weitere Nachteile für ihre soziale Entwicklung.

Dem Vater liegt insofern nicht an einer Förderung dieser sozialen Entwicklung, weil er der Meinung ist, sie komme von selbst, wenn ein Mensch erst einmal sichtbare Erfolge und Leistungen vorleben könne. Dass er persönlich keinen Kontakt zu Freunden, Verwandten oder Kollegen pflegt und auch nicht aufnehmen möchte, ist ihm nicht ausreichend als eigenes seelisches Problem bewusst.

Was die Eltern aus Liebe für ihr Kind begonnen haben, ihm einen guten Start für die Schule zu sichern, lässt sich nur im Zusammenhang mit den seelischen Motiven und Problemen von Mutter und Vater wirklich verstehen. Die Mutter kann nicht mit kleinen Kindern spielen, die Buchstaben kommen ihr da sehr gelegen. Ihr mütterliches Gewissen ist wieder beruhigt. Dem Vater liegt an erster Stelle an einer erfolgreichen Schullaufbahn seiner Tochter, zumal sie das einzige Kind ist. Er kann sich keine andere Lebenserfüllung als die eines beruflich erfolgreichen Lebens vorstellen. Was aber ist dem Kind gemäß?

Wir haben erfahren, Hannelore tritt aus einer inneren Not, aus einem Mangel an Gefühlskontakt zur Welt, den Weg des Lesenlernens an. Die volle, warme Zugewandtheit zur Welt ist in ihr noch ungereift. Dieser eingeschlagene Buchstabenweg muss ihre Absonderung von der Welt verstärken. Das macht zu Recht die »Unkindlichkeit« aus, von der ihre Erzieher berichten. Lese-Intelligenz lässt sich züchten. Der Preis bei diesem Kind ist die Blockierung vor allem seiner seelisch-sozialen Fähigkeiten. Das Defizit an Sozialerfahrungen in diesen frühen Jahren ist oft nur schwer wieder auszugleichen. Es führt häufig zur Intellektualisierung von Kindern, das heißt zu einer Trennung zwischen ihrem Erleben und ihrer Intelligenz, die im normalen, gesunden Entwicklungsgang noch innig ineinander greifen.

Darin besteht nun kein Zweifel: Bildungshilfen müssen heute anders aussehen als vor 50 Jahren, wenn wir unseren Kindern wirklich damit dienen wollen. Eltern sollten aber wissen, dass der Wert einer pädagogischen Bildungshilfe nicht vom Effekt allein beurteilt werden kann. Nur wer weiß, was frühes Lesen für die *Gesamtentwicklung* des Kindes bewirkt, kann die Frage über dessen Wert oder Gefahr beantworten. Die lauten Verkündigungen über die angeblichen Vorteile der frühen Lesekunst haben verständlicherweise viele Eltern beginnen lassen, das Experiment des frühen Lesenlernens an den eigenen Kindern zu starten. Sie möchten »ausprobieren«, ob tatsächlich Kinder im Alter von zwei Jahren an lesen lernen können. Nicht wenige von ihnen stellen fest: Kinder können tatsächlich »lesen« lernen. Schauen wir uns nun an, was diesen Kindern mit Hilfe ihrer Eltern gelungen ist!

Diese Kinder haben gelernt, vorgegebene Zeichen, auch Signale oder Reize genannt, mit einem Sinn zu verbinden, indem sie diese Zeichen mit dem jeweils dazugehörigen Wort koppeln. Das Leseergebnis kann auch so ausgedrückt werden: Kinder können lernen, auf Signale zu antworten. Damit haben wir die Formel für einen Dressurakt umschrieben, nach der auch Ratten und Gänse »lesen« lernen können, setzten wir sie entsprechenden Signalen und Antworten aus. Tiere bekommen im Dressurakt Futter als Belohnung, damit sich die andressierten Leistungen einschleifen können. Die das Lesen lehrenden Eltern loben ihre Kinder ausgiebig, wenn sich die ersten Erfolge einstellen.

Wir haben es beim Lesenlernen von kleinen Kindern also mit einem dressurartigen Vorgang zu tun, der funktionale intellektuelle Kräfte trainieren kann. Wann Kinder wirklich »lesen«, das heißt den vorgegebenen Wörtern ihren Sinn entnehmen können, ist keine Frage ihres Gedächtnisses für Zeichen und Laut, sondern eine Frage des angemessenen Verstehens der vorgegebenen Sachverhalte. »Sinnentnahme ist Urteilsnachvollzug.« So hat Professor Wilhelm Neuhaus bereits 1962 in seinem Buch *Der Aufbau der geistigen Welt des Kindes* den Kern der Lesefähigkeit beschrieben.

Lesen als Normleistung für alle kleinen Kinder aufzustellen, muss aufgrund tiefenpsychologischer Erfahrungen abgelehnt werden. Diese Forderung überdies der Familie, das heißt vor allem der Mutter anzulasten, halte ich für falsch. Sie ist in keiner Weise zu rechtfertigen.

»Hast du auch eine Scheidung?« Von möglichen Hilfen für kleine Kinder nach einer Scheidung

Tobias lebt seit zwei Jahren mit seiner Mutter allein. Der Vater hat Wohnung und Wohnort verlassen, als der Junge fünf Jahre alt war. Er hat mit dem Jungen nicht über seinen Weggang gesprochen, sich nicht verabschiedet oder ihn auf ein Später vertröstet. Die Mutter hatte schon seit geraumer Zeit sein Verschwinden befürchtet. Er verlor ständig seinen Arbeitsplatz und schaffte es nicht mehr wie in den ersten Jahren, die wirtschaftliche Existenz der Familie sicherzustellen. Zu einer ärztlichen oder psychologischen Hilfe, zu der sie ihm riet, konnte er sich nicht entschließen. Schon diese wenigen Angaben werden deutlich machen können, dass hier drei Menschen, die über sechs Jahre unter einem Dach zusammengelebt haben, seelisch erheblich belastet gewesen sein müssen.

Zu meinem Erstaunen treffe ich auf einen aufgeschlossenen, noch recht kindlich wirkenden Jungen, der mich fast übereifrig begrüßt und mir die Frage stellt, ob ich auch eine Scheidung habe. »Übereifrig« schreibe ich deshalb, weil Siebenjährige im Allgemeinen schon etwas mehr Distanz zu einem fremden Erwachsenen nehmen als in diesem Fall Tobias. Seine prompte Frage nach »meiner Scheidung« macht mir dann offenkundig, dass er schnurstracks sein ihn sehr bewegendes Thema loswerden will. Ich antworte, die Mutter habe ihm sicher erzählt, dass ich viele Kinder kenne, die genau wie er mit der Mutter allein und ohne den Vater zusammenleben, eben weil sich die Eltern geschieden haben. Spontan ergänzt Tobias: »Die Papas haben kein Geld verdient und darum haben sie eine Scheidung gemacht.« »Du weißt sehr gut Bescheid, Papas und Mamas können sich scheiden lassen, und ich weiß, Kinder sind darüber böse und traurig zugleich.« Ebenso von mir ungefragt erfahre ich, die Mama habe ihm gesagt, der Papa habe einen großen Fehler gemacht. Er habe »vergessen«, ihm zu sagen, dass er ihn wiedersehen will. Und er fügt den sicher von der Mutter wörtlich übernommenen Satz hinzu: »Wenn Erwachsene traurig oder wütend sind, machen sie Fehler.« Die Lehrerin in seiner Schule habe den Kindern auch erlaubt, dass sie Fehler machen dürfen, sie wüsste ja sonst gar nicht, was sie zu tun habe. Und ich erfahre auch noch, dass Tobias jeden Abend dem Papa gute Nacht sage, das könne er tun, weil neben seinem Bett drei Fotos von ihm hängen.

Hier hat also ein Siebenjähriger mit seinem fernen, nicht anwesenden Vater eine eigene Beziehung aufbauen können. Er vertraut auf die Mutter, die ihm durch ihre Formulierung die Aussicht auf ein Wiedersehen möglich gemacht hat und ihm zugesteht, auf seine Weise mit dem Papa verbunden zu sein. Einen besseren Anwalt für Kindersehnsüchte nach einem nicht mehr greifbaren Elternteil kann es für Tobias nicht geben. Die Mutter ist von Beruf Krankenschwester und hat einen sensiblen Zugang zu dem, was die Menschen innerlich bewegt. Für mich steht außer Zweifel, dass viele »Scheidungskinder« ihr Verlassenwerden von einem Elternteil weniger belastend erlebten, wenn die getrennten Partner es fertig brächten, sich über die ja weiter bestehende Verantwortung als Mutter und Vater verständigen könnten. Dies wird leider jedoch dadurch erschwert, daß mit der biologischen Geburt eines Kindes nicht selbstverständliche elterliche Verantwortung mit-»geboren« wird.

Tobias beklagte sich damals im Kindergarten bitter über Papa und Mama – ein gutes Zeichen dafür, dass er den Erzieherinnen vertrauen konnte. Er hat ihnen sogar anvertraut, sich »neue« Eltern suchen zu wollen. Die Erzieherinnen verstanden, dass er damit symbolisch aussprach, mit den bisherigen Eltern sei es zu schwer für ihn geworden. Jede moralische Reaktion hätte vermutlich dieses Kind verstummen lassen. Die emotionalen Unsicherheiten, die sich in einigen Verhaltensauffälligkeiten zeigten (er konnte zum Beispiel nicht lange bei einem Spiel bleiben und verweigerte häufig das Essen), sind nach einem Jahr verschwunden – und nicht etwa von selbst, sondern durch die stützende Hilfe durch die Mutter und die Erzieherinnen.

Ergänzend soll hier mitgeteilt werden, dass die Erzieherin des Kindergartens der Mutter nach der plötzlichen Trennung damals geraten hat, mit der Einschulung ein Jahr zu warten. Die Mutter hat diesen Rat dankbar aufgenommen, weil auch sie schon unsicher geworden war, ihrem Kind die neue Lern- und Leistungssituation zuzumuten. Dieser Rat der Erzieherin erscheint mir auch heute noch angesichts des Gesichtsausdrucks des Kindes und seiner kindlichen Sprechweise besonders glücklich.

Unsere Beratungsstelle wird jetzt aufgesucht, weil sich das Kind in der Schule nicht konzentrieren könne. Die Lehrerin rede immer »so lange«, noch nie habe sie über »seine Scheidung« gesprochen. Die veränderten Familienformen, in denen heute Kinder aufwachsen, können nach meinem Verständnis in einer pädagogischen Einrichtung wie der Schule auf Dauer nicht von den Lehrkräften ausgespart bleiben. Mit großer Freude habe ich erlebt, dass in einer 2. Grundschulklasse drei Kinder aus geschiedenen Ehen zu Freunden wurden, und zwar wesentlich über die Erfahrung der Solidarität, über das gemeinsame vaterlose Schicksal. Die Lehrerin hatte zu diesem Zusammenschluss angeregt. Sie brachte diese konstruktive Hilfe, wie sie mir sagte, deshalb zustande, weil sie selbst eine Scheidung hinter sich hatte.

Tobias und ich haben einmal im Monat über ein Jahr lang einen festen Spieltermin gehabt, bei dem es ihm regelmäßig um gemeinsames Spielen ging und darum, sich »Papa-Geschichten« auszudenken. »Es war einmal ein Papa ...« Wir erfanden diese Geschichten, indem er und ich abwechselnd Sätze aneinander reihten. Gemeinsam erfanden wir auch das Spiel »Vom großen und vom kleinen Glück«. Die blauen Kugeln eines Kinderrouletts standen für die »kleinen Glücke«, die einzige rote Kugel war das Symbol für das seltene große Glück. Als es Tobias das erste Mal gelang, die rote Kugel mit dem Kreisel in ein Loch zu treffen, hieß für ihn das große Glück: »Papa kommt zurück.«

Das Scheidungsthema hat für Tobias nach einem Jahr, das heißt nach zehn gemeinsamen Spielstunden, seinen zentralen Stellenwert schließlich verloren. Leider kann ich nicht mitteilen, ob für ihn das »große Glück« tatsächlich eingetreten ist. Durch den Wegzug der kleinen Familie hat sich der Kontakt nicht mehr aufrechterhalten lassen.

Da Scheidung heute zu einem fast alltäglichen Problem geworden ist, sollen einige Empfehlungen folgen, die kleinen Kindern nach einer Scheidung helfen können und wovon somit auch die meisten Eltern profitieren werden. Jede Scheidung hat ihre eigene Vorgeschichte und ihren eigenen Verlauf. Für alle Beteiligten bringt sie ein erhebliches Maß an Erschütterungen und Verunsicherungen mit sich.

Kinder sind nicht nur wütend auf die Eltern, sondern erleben sich häufig schuldig, weil sie meinen, ihr schlechtes Verhalten hätte Papa und Mama auseinander gebracht. Es ist wichtig, ihnen nicht nur einmal zu sagen, dass sie keine Schuld an der Scheidung haben.

Trauer bleibt bei keiner Scheidung aus. Über einen schmerzhaften Verlust dürfen Erwachsene und Kinder weinen, sie müssen ihre Trauer durchleben können. Kinder brauchen die Versicherung, dass sie traurig sein dürfen. Ein schnelles Hinwegtrösten ist keine Hilfe.

Im Chaos des Scheidungsprozesses kommt sich ein Kind häufig vergessen und verloren vor. Oft ist es für Eltern schwer, mit ihren eigenen Gefühlskonflikten fertig zu werden, so dass ihnen nur wenige emotionale Kräfte für ihr Kind übrig bleiben. Für Kinder ist es dann eine große Hilfe, wenn sie andere Menschen haben, die sie in ihren widerstreitenden Gefühlen ohne moralische Auflagen anhören und annehmen können.

Wohl das Schlimmste ist für ein Kind die Furcht, nun auch noch vom zurückbleibenden Elternteil verlassen zu werden. Diese Furcht vor dem Verlassenwerden kennen auch Kinder aus intakten Familien. Sie hängt mit der Hilflosigkeit und existenziellen Abhängigkeit des Kindes von seinen Eltern zusammen. Daher ist es eine gute Hilfe, dem Kind immer wieder zu versichern, dass es nicht verlassen wird.

Kinder halten lange an der Vorstellung fest, dass Vater und Mutter wieder zueinander finden. Diese Hoffnung sollten wir Kindern zugestehen, sie wachsen nur allmählich in ein unveränderbares Schicksal hinein.

Es ist nicht einfach, einem Kind die Scheidung zu erklären. Viele Kinder bekommen gar keine Erklärung oder eine, die sie nicht verstehen können. Eine ihnen verständliche Erklärung wie in unserem Beispiel – »Tobias' Vater hatte kein Geld mehr für die ganze Familie« – trägt wesentlich dazu bei, das Unerklärliche gefühlsmäßig zu verarbeiten. Kinder müssen immer wieder Fragen stellen dürfen, um die neue Situation zu verarbeiten. Ein einziges Gespräch reicht niemals aus.

»Ich will auch blöder Papa sagen« oder: Die Geschichte eines Konflikts

Während meiner klinischen Tätigkeit sitzt eines Tages die sechsjährige Michaela vor meinem Behandlungszimmer, als ich gerade die Mittagspause beginnen will. Für mich eine ganz unerwartete Situation. Michaela und ich kennen uns schon über zwei Jahre. Sie ist die Tochter eines beliebten und kooperativen Klinikarztes und hat guten Kontakt zu den »Patienten-Kindern«, die ihre Wohnstätte fast direkt neben ihrem Elternhaus haben. Seit einigen Monaten geht sie in die Schule.

»Die Kinder sehen alle aus wie ich.« Mit diesem spontanen Satz macht sie mir deutlich, dass sie nicht erkennen könne, warum diese Kinder oft viele Monate in der Klinik leben müssten. Sie hat damit etwas Wesentliches erfasst, nämlich dass seelisch verursachte Verhaltensauffälligkeiten oder Symptome nicht immer von außen zu bemerken sind. Durch ihr Zuhause und Vertrautsein im Klinikgelände weiß sie, dass Erwachsene und Kinder »gleich« behandelt werden, beide haben ihre festen Therapiezeiten.

Mit erregter Stimme, die mit viel Ärger aufgeladen ist, meldet sie an, dass sie heute auch eine »Stunde« haben müsse. »Eine ganze Stunde kann ich dir so schnell nicht einräumen, werden dir 15 Minuten ausreichen?« Sie bejaht und platzt mit dem Satz heraus: »Ich will auch blöder Papa sagen, die Kinder in der Klasse tun das auch!« Dieser Satz enthält gleich zwei Schwerpunkte, den Papa und die Klasse. »An deiner Stimme höre ich, im Augenblick ist viel Ärger in dir. Halte ihn ein bisschen fest – wie ist es zu dem Ärgersturm gekommen?« Ich erfahre, dass sie für eine bevorstehende Geburtstagsfeier einer Mitschülerin keine Erlaubnis bekommen habe, genau wie die am Schulort wohnenden Kinder abends bis 9.00 Uhr bleiben zu dürfen. Sie müsse mit dem 7.00-Uhr-Bus nach Hause kommen. Sie habe dem Papa das mit den anderen Kindern gesagt und der habe dann wieder so viele Sätze geredet: Er könne ihren Wunsch gut verstehen ... es sei auch gut, wenn sie sich mit den Klassenkindern vertrage ... sie müsse jedoch bedenken, dass die Mutter sie nicht abholen könne ...

»Wenn der Papa so viele Sätze sagt, kannst du ihm dann noch zuhören?« »Nein – überhaupt nicht!« Sie habe sich schrecklich geärgert, habe gar nicht mehr hingehört und sei aus dem Zimmer gerannt. Draußen habe sie mit den Füßen getrampelt, da sei aber ein Teppich gelegen und Papa habe das bestimmt nicht gehört. »Wie viele Kinder kennst du schon in deiner Klasse?« Michaela greift meine Frage nicht auf, sondern hebt ausführlich hervor, dass alle Kinder gleich behandelt würden. Sie findet sie alle ganz toll. »Was sagen die Kinder, wenn du am Geburtstag schon etwas früher als die anderen nach Hause fährst?« Mit leiser Stimme: »Vielleicht lachen sie mich aus.« »Tolle Kinder werden das nicht tun. Und wenn eins doch lacht, dann weißt du gleich, dass es nicht toll ist, so wie du gedacht hast.« »Und was soll ich Papa sagen?« »Vielleicht fragst du ihn, was du einem Kind sagen kannst, wenn es dich auslacht.« Michaela steht auf und verabschiedet sich. Ihre Stimme klingt deutlich beruhigt, und ich habe das gute Gefühl, sie kann mit dem kurzen Dialog etwas anfangen. Anhand dieser kleinen Begebenheit will ich einer mir häufig gestellten Frage nachgehen, nämlich der Frage, wie es denn schon bei kleinen Kindern zu Konflikten kommen kann. Was ist der Konflikt bei Michaela? Sie möchte unbedingt mit ihrer Klasse bei der Geburtstagsfeier bis zum Ende dabei sein und hat es nicht geschafft, das väterliche Nein in ein Ja zu verwandeln. Vor lauter angewachsenem Ärger über seine »vielen Sätze« rennt sie ihm weg, so dass sie jetzt den Augenblick für gekommen hält, ihn »wie die Kinder in der Klasse« als »blöden Papa« zu bezeichnen. Ihm gegenüber hat sie es nicht gewagt, konnte dann das Wort und damit zugleich einen Teil ihrer Ärgeraffekte aber bei mir loswerden. Sie hat wahrscheinlich so etwas wie eine persönliche

Niederlage erlebt, weil sie nicht stark genug sein konnte, für sich einzutreten. Und wie in vergleichbaren Fällen üblich, rufen solche Niederlagen Rachegefühle hervor, aus dem Ja zum Vater ist ein Nein geworden. Das konnte sie nicht aushalten und darum landet sie in meinem Behandlungszimmer.

Wenn ich hier ermutigen möchte, sich in einen kindlichen Konflikt einzufühlen, will ich zugleich hinzufügen, selbstverständlich soll damit nicht empfohlen werden, jedem Konflikt auf diese detaillierte Weise nachzugehen. Mit gutem Grund könnten Sie dann alle Psychologie zum Teufel jagen. Jedoch drängen meine langjährigen Berufserfahrungen danach, für einen liebevollen Umgang mit Konflikten bei Kindern zu werben. Zu Ihrem Konfliktverständnis sollen noch einige Informationen erfolgen, die jedoch sehr vereinfacht und knapp ausfallen müssen.

Dass Konflikte zum Leben gehören, ist uns selbstverständlich. Sie kennzeichnen den Menschen. Mit gutem Recht kann er als »konflikt-begabtes« Lebewesen beschrieben werden. Wörtlich übersetzt bedeutet Konflikt »Zusammenstoß«, und das, was in unserem Inneren zusammenstößt, ist das Ja und das Nein, mit dem nur wir Menschen auf dieser Erde »begabt« sind. Oder anders gesagt: Wir sind der Freiheit des Ja oder Neins ausgesetzt und mit dieser Freiheit können wir nicht immer gut umgehen. Diese »Freiheit« ist biologisch vorgegeben. Schon der Säugling kann ja zur Nahrungsaufnahme sagen und er kann sie verweigern und damit sein Nein ausdrücken. Auch Sie können jetzt zu diesem Kapitel nein sagen, das Buch weglegen, etwa weil Sie mit diesem Thema nichts zu tun haben wollen. Oder Sie sagen ja und können sogar ein wenig hoffen, am Konflikt von Michaela auch etwas für Ihren Umgang mit Konflikten dazuzulernen.

Zur »biologischen Begründung« sei hinzugefügt, dass ich mich damit auf eine spezifische tiefenpsychologische Theorie beziehe. In ihr wird davon ausgegangen, dass zu einem gesunden und vollständigen Bedürfnis – wir können auch Begehren oder Antrieb sagen – immer zwei Anteile gehören, ein so genannter agonistischer und ein antagonistischer Teil. Bildhaft ausgedrückt: ein Antreiber oder Initiator und ein Gegenspieler, der reagiert und das Bedürfnis steuert. Es wird wohl verständlich sein, dass es immer dann zu einem Konflikt kommen kann, wenn der Mensch weder ein klares Ja noch ein klares Nein zustande bringt. Die »Jein-Sager« sind allgemein bekannt. Es sind diejenigen Menschen, die sich weder für den einen noch für den anderen Teil in sich entscheiden können. Sie bleiben in ihrer Zwiespältigkeit hängen und sind meist weder mit sich noch mit ihren Mitmenschen zufrieden.

Aber zurück zu Michaela. Wir haben uns ihre Beziehung zum Vater ein wenig angesehen und fragen jetzt, warum sind ihr die Kinder in der Klasse so wichtig? Was kann uns ihre enorme Solidarität mit ihnen über ihren Konflikt aussagen? Um diese Solidarität besser zu verstehen, spreche ich sie auf die »tollen Kinder« an. Sie teilt mir mit, dass sie schreckliche Ängste habe, ihre Zugehörigkeit zu verlieren. An ihrer leisen Stimme ist gut zu »hören«, dass es ihr wie auch anderen Menschen außerordentlich schwer fällt, ihre Ängste auszusprechen. Diesmal hat sie zu sich gestanden. Sie hat eine »Schwäche« zugelassen und zugleich an »Stärke« gewonnen. So paradox dieser Vorgang anmuten mag, unsere seelische Stabilität nimmt jedoch tatsächlich zu, wenn wir Angstgefühle nicht mehr verstecken müssen. Ein Ausgelachtwerden kann zu einem dramatischen Erlebnis werden. Ich vermute, dass es für Michaela Ausgrenzung und Abwertung bedeuten könnte, und davor dürfen Kinder Angst haben.

Dieses starke Solidaritätsbedürfnis zur Klasse hat für Michaela eine besondere Vorgeschichte. Sie wächst als Jüngste unter drei Geschwistern auf und hat gewiss häufig erleben müssen, nicht wie die älteren Geschwister an allen Unternehmungen beteiligt gewesen zu sein. Kinder vertrösten sich in solchen Lebenssituationen vielfach auf ein Später und dieses Später scheint für sie jetzt angebrochen zu sein. »Alle Kinder werden in der Klasse gleich behandelt.« Sie würde in ihrer Fantasie durch ein vorzeitiges Verlassen der Feier wieder die »Kleinste« in der Gruppe werden, und das ausgerechnet in einer Zeit, in der sie so mutig »wie die anderen Kinder« werden möchte. Eine solche Vorstellung muss eine schreckliche Perspektive eröffnen.

Natürlich können und müssen die Eltern nicht immer voll informiert sein, wie ihre Kinder die Welt interpretieren. Auch die Eltern von Michaela konnten nicht wissen, welchen besonderen Stellenwert zumindest im Augenblick die Schulwelt für ihre Tochter hat. In dem jetzt angedeuteten biografischen Zusammenhang wird ihre Erregtheit und ihr angestauter Ärger aber wohl verständlicher werden.

Als Michaela ihren Ärgersturm in Worte übersetzen kann, fragt sie mich, was sie dem Vater sagen soll. Ihr Nein dem Vater gegenüber befindet sich deutlich wieder in einem Wandel zum Ja, und darum schlage ich ihr vor, ihn um Hilfe zu bitten, in der Hoffnung, dass sie nun auch mit ihm über ihre Ängste sprechen kann. In diesem frühen Alter halte ich es für hilfreich, Kinder dazu zu ermutigen. Außerdem hoffe ich, dass sie ohne Erklärungen von mir erleben kann: Ich kenne Kinder, sie lieben ihre Eltern und manchmal finden sie sie auch »blöd«. So ist es nun einmal. Wir können mit dem Wechsel von Gefühlen leben lernen.

Von einer überzeugenden Intelligenz oder: Von der Schulreife und was diese ausmacht

Vielen Eltern scheint allein die Intelligenz ihrer Kinder für die Schulreife wichtig zu sein. Der sehr veränderte Alltag für Sechsjährige fordert Kindern aber mehr und andere »Leistungen« ab. Das wird oft nur am Rande wahrgenommen. »Es kommt eben ganz auf den Lehrer an, ob er es schafft, meinem Sohn das Lernen beizubringen.« »Ich bin froh, dass unser Kind nun die Strenge des Lebens erfahren wird. Bei mir tut er doch nur das, was er gerade will.« »Vom ersten Tag an werde ich die häuslichen Arbeiten bei Rico überwachen. Es ist an der Zeit, dass er erfährt, das Leben ist nicht nur zum Spielen da.« Erwartungen von Eltern in Bezug auf die neue Lebensaufgabe »Schule« können nicht ausbleiben. Selbstverständlich fallen sie unterschiedlich aus. Wie bedeutsam sie für Kinder sind, kann nicht hoch genug eingeschätzt werden. Kinder spüren auch ungenannte Erwartungen sehr genau.

Gewiss läßt sich aus den wenigen hier mitgeteilten Erwartungen ableiten, worauf es der jeweiligen Mutter ankommt. Für eine dieser Mütter scheint von nun an allein die Lehrerin verantwortlich für das Gelingen und eben auch Misslingen der Lernaufgabe zu sein. Manche Mütter hoffen auf eine bestimmte Lehrerin und reagieren unter Umständen sehr enttäuscht, wenn diese »eine« dann nicht die Lehrerin des Kindes wird. »Bei der anderen kann ich nichts lernen«, sagt eine Sechsjährige, weil sie die von ihrer Mutter heiß gewünschte Lehrerin nicht bekommen hat.

Es gibt nicht wenige Erwachsene, die das Leben als ständigen Lernprozess für Zurechtfinden und Anpassen bei kleinen Kindern nicht in ihrem Blick haben. Verständlich, dass diese dann auch die notwendigen Fähigkeiten ihrem Kind nicht zutrauen. Die »Strenge des Lebens« soll durch die Schule erfahren werden. Vielleicht hat das Kind dieser Mutter das Leben bisher ohne Regeln, ohne Rücksichtnahme, eben ohne Strenge erlebt. Das Kind mache ja »doch nur« – diese letzten beiden Worte legen nahe, dass die Mutter resigniert hat, eine lebensfördernde Einflussnahme auf sich zu nehmen.

Wer »am ersten Schultag« sein Kind unter seine Aufsicht nehmen will, beschert ihm gleich zwei Lehrerinnen zur gleichen Zeit. Der »häuslichen« Lehrerin wird sich dieses Kind schwer entziehen können, sie hat es ja nicht nur drei bis vier Stunden in ihrem Blick. Wie wird sich die doppelte Lehrerschaft auf die kindliche Lernfreude auswirken?

Mit diesem kleinen Vorspann soll angedeutet sein, Schulreife hängt auch mit den Erwartungen von Eltern zusammen. Vertrauensvorschuss hat eine ganz andere Qualität als angekündigte Kontrolle. Wer als Erwachsener die Hintergründe seiner Erwartungen abschätzen lernen will, muss versuchen, sich über seine eigenen Wünsche und Ängste in Bezug auf die beginnende Schulzeit seines Kindes klar zu werden. Er muss sich gewissermaßen hinter die eigene Schulter sehen lernen. Das Kind kann ihm diese Fragen nicht beantworten.

In folgendem Beispiel geht es um die Frage eines Vaters, ob seine fantasievolle Tochter wohl schon jetzt in der Lage sei, die »nüchternen« Anweisungen und Aufgaben der Schule zu erfüllen. Wird sie nicht mit diesen spielen und nur ihre eigenen Lösungen gelten lassen können? Diesem Vater, Herrn B., ist aufgefallen, dass die Tochter im gemeinsamen Spiel seine Erklärungen und Anweisungen nicht befolgen wolle. »Ihre Fantasie spielt ihr wohl dabei einen Streich. Sie ist ein Kind, das gerne Märchen hört.« Er bittet zunächst telefonisch um eine Intelligenzuntersuchung. Seine Stimme und seine einfühlende Sprache lassen eine liebevolle Beziehung zwischen Vater und Tochter vermuten. Auf die Frage, was seine Frau zur Schulreife meine, will er »offen« bekennen, dass »beide Frauen« ihn ein bisschen auslachen. Beide haben keinen Zweifel an der Schulfähigkeit. Sie wehren sich jedoch auch nicht gegen seinen Vorschlag einer psychologischen Untersuchung. Vater und Tochter kommen zum ersten Termin, der dann auch der Einzige bleibt.

Wer Erfahrungen mit Kindern in frühen Altersstufen hat, kann sich schnell dem weiblichen Urteil von Mutter und Tochter anschließen. Schon beim ersten Anblick sehe ich in Bettina ein Schulkind. Sie schaut mich mit offenen Augen und zugleich mit prüfendem Blick an, teilt mir ungefragt mit, dass sie auch ohne Vater hier bleiben werde und findet es dann »gemütlich«, dass ich sie und ihren Vater zusammen kennen lernen möchte. Ich schlage vor, dass beide vom gestrigen Tag, einem Sonntag, erzählen. Dann könne ich mir ein kleines Bild von ihrer Familie machen.

In sprudelnder, reich zu nennender Sprache höre ich von Bettina, dass sie manchmal am Sonntag die Eltern mit einer kleinen Bastelei am Frühstückstisch überrasche. Gestern habe sie sich ausgedacht, mit kleinen Papierstückchen, die sie aus buntem Papier reiße, ein Bild zu machen. Das habe sie im Kindergarten gelernt. Für den Vater habe sie einen großen bunten Becher mit Henkel gemacht – er trinke »in echt« gern aus einem großen Becher – und für die Mutter einen Korb mit einem dicken Henkel. Er müsse dick sein, weil Mutti so viel zu tragen habe. »Zwei Henkel-Geschenke am Frühstückstisch – da wird euch das Frühstück gut geschmeckt haben.« Bettina hört mir genau zu, gleichsam neugierig auf einen neuen Menschen. Sie findet das Wort »Henkel-Geschenk« »lustig«. »Dein Vater kennt dich gut, schon am Telefon habe ich von ihm gehört, dass du dir gern viel ausdenken magst.« Die kleine Tochter sieht zustimmend den Vater an. Er berichtet, dass der Sonntagvormittag, wenn irgend möglich, einen kleinen Höhepunkt für die Familie bedeute. Beide berufstätigen Eltern haben dann Zeit und in dieser Zeit könne er auch mit Bettina spielen. Die Tochter lacht bei diesem letzten Satz und kommt von sich aus auf das Thema »Schulreife« zu sprechen.

»Vati liest mir immer alle Erklärungen vor. Ich finde das umsonst. Ich kann mir ja ausdenken, was wir mit einem neuen Spiel tun können. Ich mag nicht immer zuhören – wie die Studenten.« Mit dem kleinen Nachsatz erfahre ich, dass der Vater Hochschullehrer ist, so wird er natürlich auch von seinen Studenten erzählen. Ob er wohl seine berufliche Praxis auf seine kleine Tochter überträgt?

Die Spiele, die beide spielen, sind mir gut bekannt. Es handelt sich um die als »didaktisch wertvoll« angepriesenen Lehrspiele, mit denen Eltern schon früh die Intelligenz ihrer Kinder fördern könnten.

Bettina biete ich ein Spielmaterial an, mit dem Kinder anhand von Bausteinen, Bäumen, Tieren, Puppen unter anderem nach eigenem Ermessen eine »Scene« aufbauen können. Vielleicht ist einigen Lesern der »Scenotest« bekannt. Es gibt selten Kinder, die mit diesem freien und zugleich gebundenen Material nichts anfangen können. Bettina überblickt in kurzer Zeit das vielfältige Material und entscheidet ohne Zögern, die häusliche Wohnung aufzubauen. Herr B. schaut mit Anteilnahme zu und macht weder anregende noch belehrende Bemerkungen dazu. Das allein spricht für einen geglückten Respekt einem Kind gegenüber.

Nach kurzer Zeit nimmt Bettina mit folgenden Worten Kontakt mit mir auf: »Du heißt gar nicht Frau Neumann.« Sie wartet meine Reaktion ab. »Du hast dir einen anderen Namen ausgedacht, magst du ihn mir sagen?« »Du heißt Neu-Frau.« Mir macht diese Wortschöpfung Spaß, so dass ich mit Vergnügen antworte: »Der neue Name gefällt mir gut. Eine Frau kann ja nicht zu einer Hälfte ein Mann sein.« Dem Vater ist anzusehen, dass auch er an der Wortschöpfung Gefallen hat. Unter den geschickten Händen des Kindes wächst dabei die häusliche Wohnung. Sie unterbricht ihr Tun zum zweiten Mal: »Du heißt gar nicht Frau Neu-Frau – du heißt Frau Alt-Frau.« Mit Charme spricht sie den wieder veränderten Namen aus und hat zugleich einen etwas gespannt abwartenden Gesichtsausdruck. Ich vermute, sie ist sich nicht ganz sicher, wie ich auf das Wort »alt« reagiere. »Das Wort › alt‹ passt tatsächlich besser als neu. Du bist jung, der Vater ist mitteljung und ich bin alt. Wenn mir das Wort › Alt-Frau‹ mal nicht gefällt, ändere ich es wieder in › Neu-Frau‹ um.« Sie ist zufrieden mit dieser Antwort und wendet sich erneut ihrer Aufgabe zu.

111

Wie mag es Herrn B. gehen, seine Tochter in der neuen Umgebung so spontan, originell und kontaktfreudig zu erleben? Wie wir Erwachsenen sind ja auch Kinder von ihrer jeweiligen Umgebung abhängig. Bettina fühlt sich offensichtlich wohl in ihrer Haut, sie wirkt wach und innerlich ausgewogen. Sie fühlt sich in der Beziehung zum Vater aufgehoben und kann freimütig ihre eigenen Gedanken aus sich herauslassen. Sie vermittelt so etwas wie überschüssige Energien. Zweifel an ihrer Schulfähigkeit können überhaupt nicht aufkommen. Häufig pflegen Mütter schon vor Schulbeginn zu sagen: »Nun wird es aber Zeit, dass unser Kind zur Schule kommt. Es weiß gar nicht mehr recht, wohin mit seinen Energien und seinem Wunsch, nun endlich ein »Schulkind« zu sein.«

Herr B. spricht nachdenklich aus, er habe das Maß an Intelligenz für seine Tochter wohl zu hoch angesetzt. Natürlich soll sie nicht wie eine Studentin ständig zuhören. Er sei überrascht, wie selbstverständlich sie hier eine unbekannte Aufgabe übernommen habe und fügt hinzu, er selber könne kaum etwas mit diesem Material anfangen.

Schauen wir uns die Beziehung zwischen Vater und Tochter etwas genauer an. Herr B. ist erfreut, dass seine Tochter ganz selbstverständlich die für sie neue Aufgabe übernommen hat. Er hat ihren Umgang mit Spielmaterial als vollwertige Tätigkeit eingeordnet. Er hat nicht, wie das Erwachsene oft unbedacht tun, sie als Spielereien abgewertet, etwa als Zeitvertreib ohne Nutzen, ohne erstrebenswertes Ziel und ohne wirkliche geistige Anstrengung. Er hat sich nicht in das Tun der Tochter eingemischt, sondern ihr mit Anteilnahme zugeschaut. Natürlich empfindet Bettina auch in der wortlosen Anerkennung seine innere Begleitung und das trägt viel zum Aufbau ihres Selbstwertgefühls bei. Der Leser erinnert sich vielleicht: Mit einem sicheren Gefühl für seinen eigenen Wert kommt der Mensch nicht auf die Welt. Mit der Bejahung seines Kindes schafft er ihm ein grundlegendes

Identitätsgefühl, ohne das der Mensch sich nicht selbst finden kann. Kinder müssen hautnah erleben können, dass Mutter und Vater sie mögen. Dieses Gemochtwerden steht in keinem Gegensatz zu der nicht ausbleibenden kindlichen Erfahrung, dass seine Eltern mit seinem Verhalten nicht immer einverstanden sind.

Kindliches Tätigsein heißt immer auch geistige Tätigkeit. Kindliches Denken besteht im Tun. Vornehmlich im Selber-Tun macht sich das Kind mit seinem Umfeld bekannt, lernt die Gegenstände kennen, die zunächst gar nicht als Objekte mit eigenen Gesetzen für es existieren. Das Tun, das Gestalten, das Hervorbringen von immer neuen Gebilden führt zu einem Stolz in die eigenen Kräfte. Und dieser »Tätigkeits-Stolz« setzt ohne Lehrmethode ein »Qualitätsbewusstsein« in Gang, das etwa für ständig fernsehende und nicht spielfreudige Kinder ausbleiben muss. Ein ständig fernsehendes Kind nimmt immer nur auf. Das, was es in Bildern aufnimmt, hält es für die wirkliche Welt. Es kann nicht fassen, dass diese Bilder eine zweite, von Menschen gemachte Wirklichkeit sind. Und diese zweiten Wirklichkeiten liefern auch gleich die Gefühle mit, die man in Situation A oder Situation B zu haben hat. Auch im Ganz-dabei-Sein bei dieser zweiten Wirklichkeit kann sich kein Gefühl von Tätigkeitsstolz und deshalb auch nicht von Qualitätsbewusstsein einstellen.

Das Kind, das seine Häuser immer höher und komplizierter baut, seine Autostraßen immer verschlungener, erlebt unverfälscht: Ich bin der Erbauer, in mir stecken Kräfte, die mich stolz machen. Ich kann das – kannst du das auch? Am Können wird der Spielgefährte gemessen. Es ist nicht schwer zu beobachten, dass kleine Kinder lernen und leisten wollen. Sie wollen es den Erwachsenen gleichtun, sie wollen groß werden und nicht klein bleiben. Die positiv erlebte Selbständigkeit in dieser Lebensstufe darf als Grundlage für spätere Leistungsforderungen der Schule gewertet werden. Anzufügen ist hier jedoch, dass die aktiven, lernfreudigen Schulanfänger nicht ihre ganze Schulzeit hindurch aktive und lernfreudige Schüler bleiben müssen. Wir deuten damit ein sehr komplexes Thema an, das in einer späteren Skizze genauer aufgenommen wird.

Zu den frühen geistigen Tätigkeiten gehören auch Umdeutungen des Umfeldes beziehungsweise von Gegenständen. Ein auf dem Kopf stehender Stuhl mit einem Handtuch darüber kann zum »Zelt« werden, ein grüner Bindfaden zur »Schlange« oder die bunten Knöpfe aus dem Nähkasten zu »Edelsteinen«. Diese Umdeutungen sind möglich, weil Kinder in ihrem Verständnis und auch in ihren Beziehungen zum Ding wie zum Menschen noch nicht festgelegt sind. Spontanes kindliches Tun kann ein jähes Ende nehmen, wenn seine fantasievollen Umdeutungen vom Erwachsenen als Hindernis seiner Realitätserfassung gedeutet werden. Wie »wirklich« die Wirklichkeit wirklich ist, ist eine ernst zu nehmende Frage, die seit geraumer Zeit mit geistreichen Bemerkungen und frappierenden Ergebnissen von verschiedenen Forschungsrichtungen beantwortet wird.

Spielen ist für Kinder arbeiten. Solange wir in unserer Kultur davon ausgehen, dass Spiel keine Arbeit ist, werden wir nicht verhindern können, Kinder von einer frühen Ausbildung ihres Identitätsgefühls auszuschließen. Oder anders ausgedrückt: Wenn Kinder in ihrem Spiel, und das heißt in ihrer Reifestufe nicht ernst genommen werden, fühlen sie sich von der Erwachsenenwelt ausgeschlossen. Und wer sich als Kind nicht einbezogen fühlt, kann seine Identität in dieser Welt nur sehr schwer finden.

Herr B. spricht aus, er könne mit dem Spielmaterial kaum etwas anfangen. Er hat es aber auch nicht nötig, es deshalb in Bausch und Bogen abzulehnen. Er lässt die Wirklichkeit des Kindes gelten wie auch seine eigene. Wie sollten sie identisch sein? Psychologisch übersetzt heißt der väterliche Satz: »Kinder brauchen andere Materialien als Erwachsene und sie handhaben sie auch anders als diese.« Kinder lösen neue Aufgaben mit den

Händen, mit ihren Einfällen und mit Ausprobieren. Erwachsene lösen neue Aufgaben mit dem Kopf. Auch neue Spiele wollen sie zunächst gedanklich erfassen, sie brauchen Vorinformationen, ehe sie zu handeln beginnen.

Herr B. nimmt nach unserem Gespräch Abstand von einer Intelligenzuntersuchung. Er hat verstanden, dass seine Tochter in ihrer eigenständigen Anstrengungsbereitschaft eine tragfähige Grundlage für die kommenden Aufgaben in der Schule mitbringt. Sie hat erfahren, dass sie etwas kann. Dieses sichere und berechtigte Gefühl ist eine hoch zu schätzende Mitgift für die kommende Bewältigung von Schulanforderungen. Leider kannte ich damals noch nicht folgenden Satz von Albert Einstein, ich hätte ihn gern der Familie mitgegeben: »Wenn Kinder klug werden sollen, erzähle man ihnen Märchen. Sollen sie noch klüger werden, erzähle man ihnen noch mehr Märchen.« Vermutlich wollte Einstein mit dieser Empfehlung ausdrücken, dass Kinder ganzheitlich denken und noch einen Zugang zu Sinnbildern, zur symbolischen Sprache haben. Kinder denken vorrational, sie ahnen etwas von den Lebensweisheiten der Märchen.

Nach drei Monaten Schulbesuch erfahre ich von Herrn B. telefonisch, dass Bettina prächtig zwischen Schule und Spielen unterscheiden könne. Sie lässt fragen, ob ich mich an ihre Namensveränderung noch erinnere.

Fassen wir zusammen: Was macht Schulreife aus? Nehmen wir dazu das Kind Bettina als Beispiel. Es hat in besonders ausgewogener Weise die Schulreife erreicht.

Bettina fühlt sich in ihrer Haut wohl. Sie zeigt überschüssige Energien für weitere Unternehmungen. Bettina zeigt sich nicht verschüchtert und kann eigenständige Gedanken anmelden. Sie gibt nicht auf. Sie kann gut beschreiben, warum sie die väterlichen Spielanweisungen für »umsonst« hält. Sie vertraut auf ihre eigenen Kräfte. Offensichtlich genießt sie die gemeinsame Zeit mit dem Vater, der sich auf sie einstellen kann. Ihr wird zugehört, sie wird in ihrer »Weltsicht« respektiert. Sie lässt den väterlichen Vorschlag zur Klärung ihres Schulbesuches zu, weil sie genau erspürt, er ist nicht gegen sie gerichtet, sondern zu ihrem Nutzen gemeint. Sie hat vermutlich eine besondere Sprachbegabung, sie hört »noch immer« gerne Märchen. Märchen stellen oft eine geeignete Nahrung für die geistige Entwicklung dar. Sie rühren Kinder in ihrem Inneren an. Sie *leben* in den Märchen, sie denken nicht über sie nach. Sie können daher ganz zu sich selbst stehen. Sie müssen nicht die vorherrschenden Kriterien von richtig oder falsch befürchten.

Sprache kommt in unserer Bilderwelt ohne Zweifel zu kurz. Mit Freuden habe ich vernehmen können, dass in den »10 Geboten der Kindererziehung«[12] geschrieben steht: »Ermögliche deinem Kind neue Erfahrungen und hülle es von früh auf in Sprache – das bereichert seine geistige Entwicklung.« Philosophische Denker gehen noch weiter, wenn sie sagen, der Mensch lerne die Welt nur durch seine Sprache kennen.

Bettina kann in ihrem jetzigen Sprachverständis schon viele Wörter sicher verstehen – »neu« und »alt« passen eben nicht zusammen. Sie probiert in ihrem Namensspiel den neuen Menschen aus, was lässt er zu? Im Umgang mit dem Spielmaterial zeigt sie großes Geschick. Sie »arbeitet« mit klarer Zielvorstellung und hat Freude an ihrem Tun.

Die in diesem Beispiel von Bettina erfolgte Auflistung von verschiedenen Einzelfähigkeiten, die weit über die Intelligenz hinausgehen, möchte dazu beitragen, diese auch beim eigenen Kind zu entdecken beziehungsweise zu fördern.

Was kleine Kinder sich von ihren Eltern wünschen

Mit den nun folgenden Kinderwünschen will ich die Skizzen über kleine Kinder abschließen. Diese werden in der jetzt vorliegenden erweiterten Auflage ergänzt durch einige psychologische Anmerkungen, die in Elterngruppen erfragt wurden. Dass es bei diesen Anmerkungen um keine Hilfe für einen speziellen Einzelfall gehen kann, liegt auf der Hand. Hoffentlich werden auch in Zukunft keinem Computer Ferndiagnosen einschließlich pädagogischer oder therapeutischer Maßnahmen überantwortet!
Der Wunschliste von Kindern setze ich zwei meiner eigenen Wünsche an die Leser voran. Viele von diesen habe ich inzwischen kennen gelernt.

❏ Nehmen Sie Abschied vom Mythos eines seligen, immer zufriedenen und sorglosen Säuglings oder Kleinstkindes sowie vom Mythos einer total engagierten, einfühlsamen und innerlich ausgeglichenen Mutter. Wie sollte ein Menschenkind in unsere schöne, jedoch auch unfreundliche und harte Welt hineinwachsen können, wenn seine erste prägende Welterfahrung mit einem »Engel« vor sich ginge? Ich denke, Engel gehören in den Himmel.

❏ Sehen Sie sich ein wenig länger als bisher Ihr Kind an, hören Sie ein wenig länger seinen Fragen und Sätzen zu, nehmen Sie seine Gefühle wahr und geben Sie diesen einen Namen – seien Sie gewiss, Verhaltensauffälligkeiten, sobald sie anhalten, müssen als »Steckenbleiben« auf dem Entwicklungsweg eines Kindes verstanden werden. Wer stecken bleibt, braucht Hilfe – und keine Kritik oder Bloßstellung. Welcher Erwachsene ließe sich ohne Kränkung bloßstellen? Er könnte sich dagegen wehren. Kinder können das nicht.

❏ *So wie ich bin, möchte ich mit euch leben dürfen.*

Michaela sollte ein Junge werden. Über Jahre wurde sie von ihren Eltern in »humoristischer Weise«, wie diese meinten, mit dem gleichförmigen Satz vorgestellt: »Das ist unser Michael mit einem a hinten dran.« Der Leser selbst möge die Antwort auf die Frage finden: Kann dieses Kind, so wie es ist, sich von den Eltern angenommen fühlen? Wie ist ihm innerlich wohl zumute, wenn es nicht selbstverständlich ein Mädchen sein darf?

❏ *Ich wünschte mir, dass ihr mich streichelt und meine Hülle anfasst.*

Der menschliche Embryo entwickelt sich in der schützenden Umhüllung seiner werdenden Mutter. Wo er in seinem vorgeburtlichen Stadium hinlangt oder hinstrampelt, trifft er auf weiche und warme Substanz. Schon in dieser frühen Zeit kann er die mütterlichen Herztöne und auch ihre Bauchgeräusche hören. Er ist nicht allein. Er wächst als ein »bezogenes« und nicht isoliertes Lebewesen heran.

Wenn der Embryo dann ein Baby geworden ist, fängt dieses Baby an zu schreien, zu gurren und zu lallen. Solche Kundgaben dürfen als ein erstes symbolisches Begehren nach Kommunikation gewertet werden. Sie sind hoffnungsvolle Zeichen für eine Entwicklung zum liebesfähigen Menschen. Solche Nähebedürfnisse lassen sich nicht mit Milch befriedigen. Babys und Kleinstkinder brauchen körperlichen Kontakt im Getragenwerden wie auch im Anklammerndürfen. Sie brauchen die Sprache der Mutter als Kontaktbrücke.

❏ *Ich wünsche mir, dass ihr nicht so viele Fehler bei mir seht – ich sehe nämlich keine.*

Wo Erwachsene »Fehler« feststellen, haben sie ein fehlerhaftes Bild von der Erlebnisstufe des kleinen Kindes. Es braucht klare

Informationen über ein Ja oder Nein, braucht Anteilnahme an seinem Tun – und keine Korrekturen.

Kleine Kinder probieren die gegenständliche Welt mit Händen und Füßen aus. Sie lernen durch Erfolg und Irrtum. Wer die kindliche Lust an der Welterkundung mit den Maßstäben von richtig und falsch misst, kann ungewollt die Spontaneität seines Kindes, seinen Einfallsreichtum und sein Zutrauen in die eigenen Kräfte – in sein Selbst – blockieren. Und wer sich selbst nichts zutraut, lässt angelegte Potenzen unausgepackt. Seine Entwicklung muss dann auf schmalen Spuren laufen.

Auch wenn es selbstverständlich erscheint, möchte ich an dieser Stelle hinzufügen, dass nicht das Kind, sondern der Erwachsene dafür zuständig ist, gefährdende Gegenstände für kindliche Welteroberung aus dem Weg zu räumen.

❏ *Ich wünsche mir, dass ich beim Essen kleckern darf. Es kleckert von ganz allein.*

Essen und Trinken mögen gesunde Kinder gern, auch wenn sie zunächst nicht alle Geschmacksrichtungen annehmen können. Geschicklichkeit beim Essen hängt nicht nur von der motorischen Entwicklung des Kindes ab, sondern auch davon, ob die Essenszeiten dem biologischen Rhythmus des kleinen Menschen einigermaßen entsprechen. Wenn die Spanne zwischen zwei Mahlzeiten überlang ist, kann der Hunger verdrängt sein. Dann trotzdem essen zu müssen, führt zu Unsicherheit in Bezug auf verlässliche Körpergefühle und kann eine Essstörung einleiten. Schmiererei und Manschen beim Essen sind nicht selten Signale für missachtete Körpergefühle. Wenn außerdem noch ständige Ermahnungen zur »richtigen Löffelhaltung« hinzukommen, geht die Lust am Essen verloren. Kinder flüchten dann gern wieder zur Flasche. Die eigenständig gehandhabte Flasche wird zum Schutzschild gegen Essunlust und Dauerkritik.

❏ *Ich will allein ausprobieren und entdecken.*
Autonomie, das heißt Selbständigkeit, braucht ungezählte Vorerfahrungen. Darum ist spontane Aktivität von kleinen Kindern ein begrüßenswertes Zeichen ihrer Lebenskraft. Kinder nehmen ihr Tun sehr wichtig und halten es für selbstverständlich, dass auch die Erwachsenen ihre Freude an ihrem Tun teilen. Sie sind jedoch auf ihre Resonanz angewiesen, auf ein anerkennendes oder ermutigendes Wort. Es ist schmerzlich für Kinder zu erleben, wenn Erwachsene keinen Blick und keine Anteilnahme für ihr Spielen übrig haben. Das Spielen ist in dieser frühen Stufe die geistige Verarbeitungsform ihrer »Lebenserfahrungen«. Wer als Erwachsener vorzeigbare oder gar »korrekte« Spielergebnisse erwartet, kann mit diesen Erwartungen Verunsicherung oder auch Perfektionismus in Gang setzen. Lernbarrieren in der Schule hängen oft mit frühen verunsichernden Erfahrungen im Spielverhalten zusammen.

❏ *Ich will nicht immer spielen. Ich möchte Zeit haben zum Schuheanziehen und auch der Mama in der Küche helfen.*
Solche großartigen freiwilligen Angebote werden oft von zeitgeplagten Müttern überhört. In diesen Angeboten drücken sich elementare Bedürfnisse des Kindes aus, nämlich groß zu werden und an der Erwachsenenwelt teilzuhaben. Es kann nicht hoch genug bewertet werden, wenn Erwachsene es fertig bringen, bei der Erfüllung der genannten Wünsche das so andere Zeitmaß des Kindes zu beachten und einzuplanen. Wer stattdessen – aus Zeitnot – die angebotene Mithilfe des Kindes missachtet oder vereitelt, programmiert unbeabsichtigt die Entwicklung seines Kindes in die Rolle eines Paschas oder eines Tölpels hinein. Und diese Rollen können sich so verfestigen, dass dann Zehnjährige »keine Lust« mehr zur Mithilfe im Kinderzimmer oder Haushalt haben.

In diesem frühen Stadium der freiwilligen Mitarbeit ist »Zeit-geben« ein durch nichts zu ersetzendes Mittel für die Heran-bildung von Eigenständigkeit und Eigenverantwortung.

❑ *Ich wünsche mir, dass ich Angst und Wut nicht verstecken muss. Wenn ihr mir dabei nicht helft, möchte ich am liebsten weglaufen.*
Es scheint dringend geboten, auch kleine Kinder an ihre In-nenwelt heranzuführen. Sicher wissen die Leser, dass Neuro-sen und psychosomatische Erkrankungen als Störungen des Gefühlshaushaltes gekennzeichnet werden können. Darum verdienen es die Gefühle, benannt zu werden. Alles, was Na-men hat, kann entlasten. Ein dreijähriges »Wut-Kind« verlor allmählich seinen »Trotzteufel«, als ihm die Position eines »Oberteufels« anvertraut wurde. Die Verlassenheitsängste ei-nes kleinen Mädchens verringerten sich, als es am Abend »bestimmen« durfte, welches Spielzeug oder welche mütterli-chen Utensilien es in der Nacht beschützen und an sich drücken wollte. Konstruktive Einfälle werden denjenigen Erwachsenen kommen, die mit ihren eigenen Gefühlen vertraut sind und diese nicht abwehren müssen. Und – so setze ich mit Betonung hinzu – diese Einfälle – also keine Vorträge – sollten das symbolische und noch vorbegriffliche Denken des Kindes be-rücksichtigen.

❑ *Ich wünsche mir, dass ihr mich an guten und bösen Tagen lieb habt. Ihr müsst euch aber auch lieb haben. Dann will ich immer leben bleiben.*
Hier ist ein Kind in der Lage, seine ambivalenten Gefühle den Eltern gegenüber auszudrücken. Ich wünsche jedem Leser, dass er seine eigenen ambivalenten Gefühle nahen Menschen gegenüber ebenso zulassen kann. Wünsche nach Nähe und Rückzug gehören zu normalen Gefühlserfahrungen. Im Kapitel

über »Die Geschichte eines Konflikts« ab Seite 103 ist ein wenig darauf eingegangen worden. Noch immer bin ich der Meinung, dass die verkannten und nicht die erkannten Tatsachen Konflikte heraufbeschwören und festigen.

Dieses Kind wünscht sich auch, dass seine Eltern sich lieben. Es kann seine eigenen guten und bösen Gefühle ihnen gegenüber genau spüren. So stellt sich ihm die Frage: Sollten auch Eltern gegensätzliche Gefühle zueinander haben? Und daher braucht es die Gewissheit, trotz seiner ambivalenten Gefühle von den Eltern gemocht zu werden. Dann kann das Leben für dieses Kind »ewig« weitergehen.

So also ist der Mensch angelegt. Offensichtlich reichen Brot, Spielzeug, Geld und Erfolg nicht aus, um das Leben von innen her zu bejahen. Kleine Kinder tragen menschliche Grundbedürfnisse noch instinktiv in sich. Sollten wir nicht bereit sein, von Kindern zu lernen?!

Aus dem Alltag zweier Schulkinder

*W*ir schließen unsere Alltagsskizzen mit zwei Schulkindern ab, die während ihrer Vorpubertätsjahre – das ist die Zeit etwa zwischen 11 und 14 Jahren – eine extreme Angstbeziehung zu ihren Eltern beziehungsweise zum Vater entwickelt haben. Wir greifen wieder prägnante Erfahrungen auf, um sie exemplarisch zum Verständnis von spezifischen Gefühlsproblemen auszuleuchten. Wieder werden wir uns auf das, was sich auf der Gefühlsebene zwischen Eltern und Kindern abspielt, konzentrieren, also auf das, was wir »Beziehung« nennen. Die Bedeutsamkeit dieser zwischenmenschlichen Wirklichkeit kann nicht hoch genug eingeschätzt werden. Anders ausgedrückt: Nicht die Worte beziehungsweise die Inhalte, die wir Kindern vermitteln, sondern ihre emotionalen Quellen bestimmen offensichtlich in weit größerem Umfang die Qualität des Miteinander, als uns bisher bewusst war. Die Kommunikationsforscher, die sich mit dem Bereich dieser unsichtbaren Wirklichkeit befassen, stellen die These auf: Es gibt keine gestörten Individuen, es gibt nur gestörte Beziehungen. In folgenden beiden Skizzen heben wir die Bedeutung dieser unsichtbaren Wirklichkeit hervor.

Auch an dieser Stelle sei ausdrücklich betont, dass zu einem volleren Verständnis der personalen Beziehungen immer auch die Lebensgeschichte des Einzelnen in ihrer unlösbaren Verflechtung mit der historischen Zeit und Werteordnung gesehen werden muss.

Im ersten Beispiel geht es um das wohl verbreitetste Gespenst unserer Schulkinder und ihrer Eltern, nämlich um die Angst vor

Leistungsversagen und sozialem Abstieg. Einige Erfahrungen über die Institution Schule sind hier aufgenommen und gehen teilweise über diese biografische Skizze hinaus. Der zweite – literarisch verarbeitete – Fall handelt von einer für diesen Jungen unlösbaren angstbesetzten Beziehung zu seinem Vater.

Dieter könnte, wenn er nur wollte

Dieter lerne ich in seinem zweiten Gymnasialjahr kennen. Er hat auf den ersten Zeugnissen der neuen Schulgattung den Eintrag erhalten, »er könne, wenn er nur wolle«, jeweils in etwas veränderten Formulierungen. Diese Bemerkungen haben genau wie die Testuntersuchung vor Beginn des Gymnasiums den Vater, Herrn S., darin bestärkt, seine Appelle an die Willenskräfte des Sohnes ebenso wie seine eigenen strengen Lernregeln fortzusetzen. Die psychologische Untersuchung hatte damals das Ergebnis einer gut durchschnittlichen Intelligenz erbracht. »Der Test hat ja bewiesen, dass du intelligent bist. Also kann ich als Vater verlangen, dass du gute und sehr gute Noten nach Hause bringst.«[13]
Der Vater hält am errechneten Intelligenzquotienten fest, als sei diese Zahl so etwas wie eine Garantie für ein müheloses Bewältigen der vielfältigen Aufgaben, mit denen sich ein Gymnasiast in 14 Fächern innerhalb eines Haufens Gleichaltriger, der sich zu einer Gruppe heranbilden muss, konfrontiert sieht. Die Unterrichtsformen sind aber sehr verschieden wie selbstverständlich auch die einzelnen Fachkräfte. Der Lehrstoff wird im 45-Minuten-Takt geliefert, die erste Atempause und damit Bewegungsmöglichkeit tritt meist erst nach dreimal 45 Minuten ein. Die Aufnahmekapazität der Schüler wird somit 135 Minuten hintereinander gefordert. Wer wie dieser Vater seine pädagogische Verantwortung lediglich auf die Noten einengt, dem entgeht der Blick für die seelische Befindlichkeit seines Kindes.

In der Meinung des Vaters werden in Zukunft nur diejenigen Menschen den beruflichen Konkurrenzkampf bestehen, die überdurchschnittliche Schulleistungen vorweisen können. Dieser väterliche Standpunkt hat zur Folge, dass es für Dieter so gut wie kaum eine Stunde in seinem Alltag gibt, in der der Zwölfjährige nicht auf den bitteren Ernst seines kommenden Lebens hingewiesen wird. Für diesen Ernst müsse er sich »wappnen«, indem er keine Zeit des Tages unnütz verplane und unausgeschöpft dahinstreichen lasse. Seit dem ersten Zeugnis vom Gymnasium wird für Dieter die Teilnahme an Pfadfinderausflügen abhängig gemacht von seinen häuslichen Leistungen und den Zensuren der Klassenarbeiten. Bisher haben weder sein kindlicher Einsatz noch die Zensuren ausgereicht, um eine Zusage zu einer der Fahrten zu erreichen.

Dass Eltern sich auch über die Zukunft ihrer Kinder Gedanken machen, ist gewiss selbstverständlich. Auch dass die Sorgen um diese Zukunft angesichts der gegenwärtigen Arbeitssituation in der rasant vorwärts drängenden Computerwelt größer zu werden scheinen, ist unmittelbar einsichtig. Diese Sorgen können jedoch vergessen lassen, dass »Zukunft« für 10- bis 14-Jährige noch in zu großer Ferne liegt, um die Zukunftssorgen der Eltern aufnehmen zu können. Kinder lernen auch heute nicht fürs Leben, selbst wenn das geflügelte Wort uns eines Besseren belehren will. Das Kind lernt für Mutter und Vater, für gute Noten, später auch einmal für einen geliebten Lehrer und sicher nicht vor dem 15. Lebensjahr für sich selbst. Gewiss beginnt der Konkurrenzkampf um gute Noten heute aber schon vor dem 15. Lebensjahr. Nicht ohne Grund wird vielen Schulen vorgeworfen, zum Einzelkämpfer zu erziehen, zumal unsere Zeit infolge des nicht mehr zu bändigenden Wissenszuwachses geradezu nach einer überlebensnotwendigen Befähigung zu Gruppen- und Teamarbeit herausfordert.

Eine kurze Vorwegnahme aus der späteren Behandlung: Dieter

fragt mich nach einigen Monaten: »Woher will mein Vater wissen, was für meine Zukunft das Beste ist?« »Kannst du schon etwas über deine Zukunft sagen?« »Ich weiß genau, ich will nicht so werden wie er. Er kann gar nicht mehr lachen. Das finde ich schrecklicher, als wenn er an Krücken ginge.« Mit großem Nachdruck will ich von meinen Erfahrungen her hinzufügen, dass die Lebenskräfte von Jugendlichen am Prestigedenken ihrer Eltern gebrochen werden können.

Was lässt sich aus den bisherigen Angaben über die Beziehung zwischen Sohn und Vater herauslesen? Der Sohn erlebt seinen Vater als »Noten-Vater« und sich selbst damit als eine auf schulische Leistungsergebnisse reduzierte Person. Dem Vater geht es lediglich um die (positiven) Ergebnisse der kindlichen Anstrengungen, unabhängig vom derzeitigen Leistungsvermögen. Er unternimmt nichts, um *gemeinsam* mit dem Sohn nach Lernschritten zu suchen. Dass Lernen immer auch ein Suchvorgang ist, also eine Spur voraussetzt, der man nachspüren kann, ist weitgehend verloren gegangen. Wir setzen auf Wissen und vernachlässigen vielfach die für Kinder entscheidende Hilfe, ihren persönlichen Lernweg kennen zu lernen und trainieren zu können. Hier kommt ein fatales Missverständnis von Intelligenz hinzu, da es die bis heute nicht exakt zu bestimmende Fähigkeit wie eine Substanz behandelt, die man wie Eis aus dem Kühlfach nur aus seinem Behälter herauszuholen braucht. Dieter vermisst schmerzlich, dass der Vater gar nicht nach seinem Unterrichtsstoff fragt. Er selbst wagt es nicht, Inhalte mitzuteilen, aus Furcht, diese nicht korrekt genug wiedergeben zu können.

Nun tut sich nicht nur der hier beschriebene Erwachsene schwer, kindliche Teilleistungen anzuerkennen oder sich auf den einen oder anderen Unterrichtsstoff einzulassen, um etwa in einem gemeinsamen Gespräch die persönliche Beziehung zu vertiefen. Dieses Beispiel wird deutlich machen können, dass guter Wille und Anstrengungsbereitschaft ersticken müssen, wenn Kinder keine stützende Beachtung erhalten. Das Zukunftsbild einer aussichtslosen Karriere kann in diesem Zwölfjährigen verständlicherweise keine Gegenkräfte freisetzen.

Für Dieter ist auch die Teilnahme an einem freiwillig besuchten Chor gestrichen. Dieter stehe vor dem Stimmbruch, so die väterliche Begründung. Die Fähigkeiten des Chorleiters interessierten ihn gar nicht näher. Dem Vater scheint überdies die Ausbildung von musischen Fähigkeiten eine zwiespältige Angelegenheit zu sein. Das hat mit seiner eigenen Lebensgeschichte zu tun: Er selbst hat sich »mit Entschiedenheit« beruflich der Zahlenwelt verschrieben. Sein eigener Vater, ein künstlerisch begabter Kunsterzieher, habe sein Leben lang darunter gelitten, von seinen Kollegen nicht wirklich ernst genommen zu werden. Schon damals als Schüler – der Vater unterrichtete am gleichen Gymnasium – habe er sich fest vorgenommen, seinem eigenen Sohn einmal ein gleiches Leid ersparen zu wollen.

Auch hierzu eine psychologische Zwischenbemerkung. Offensichtlich hat Herr S. sehr darunter gelitten, dass sein Vater als Lehrer nicht ernst genommen wurde. Er hat mit ihm mitgelitten. Als Kind kam er zu der Lösung, später einmal seinem Sohn ein gleiches Leid ersparen zu wollen. Er hat sich also in seiner Fantasie einen »besseren« Vater vorstellen können. Wer wollte als Kind auch mit einem nicht anerkannten Vater zufrieden sein? »Später« ist für viele Kinder ein Zauberwort, weil es ihnen, wenn auch nicht für die Gegenwart, so doch für die Zukunft Lösungen für innere Konflikte anbietet.

Diese Verschiebung auf ein Später hat die Tendenz in sich, überhaupt Konflikten aus dem Weg zu gehen. Kinder sprechen nicht aus, was sie später einmal vorhaben. Sie brauchen ihre geheimen Gedanken. Sie häufen sich jedoch nicht zu ihrem eigenen Wohl an, wenn in ihren Familien Konflikte nicht ausgetragen werden. Die auf ein Später verschobenen Konfliktlösungen muten manchmal wie hier bei Herrn S. wie ein Schicksalsvermächtnis an. Die früh getroffene Vorplanung verleitet diesen Vater zu starren Forderungen und Prinzipien. Gerade die Starrheit von Prinzipien oder Forderungen hängt oft mit unverarbeiteten frühen seelischen Problemen zusammen und blockiert einen Zugang zu ihnen. Damit verpassen »Prinzipienreiter« die Chance, gleichsam hinter ihre starre Mauer zu sehen. Auf diese Weise können festgefahrene Probleme von Generation zu Generation weitergegeben werden.

Fragen wir nun nach der Beziehung zwischen der Mutter und ihrem Sohn. Steht die Mutter auf der Seite des Mannes oder ist sie die Verbündete des Sohnes, die in kritischen Situationen nach brauchbaren Lösungen sucht? Sie sagt: »Die Schule ist Sache meines Mannes. Das stand schon fest, als unser Sohn geboren war.« Die jungen Eltern hatten sich früher darüber verständigt, die Erziehung *bis* zur Schule fast vollständig der Mutter zu überlassen. Dabei kam es zu der ungewöhnlichen Regelung, dass an den Wochentagen die Mutter bestimmt, was Dieter zu tun und zu lassen habe, und am Sonntag ist es der Vater, dem das Kind gehorchen muss. Die Frage, wie wohl ihr Kind eine solche zweigeteilte Welt erlebe, haben die Eltern sich nie gestellt.

Wenn Dieter heute niedergeschlagen aus der Schule kommt, sieht die Mutter über diese Niedergeschlagenheit hinweg, als sei sie nicht vorhanden. Sie fühlt sich zwanghaft verpflichtet, das Thema »Schule« als väterliche Domäne zu respektieren. Sie tut es nicht ohne eigene innere Not, denn sie nimmt die gedrückte Stimmung des Kindes sehr wohl wahr und kann sich trotzdem nicht zu einem einfühlenden Verhalten ihm gegenüber entschließen. Ihre eingefahrenen Reaktionen laufen dann etwa so ab: Der Vater meine es doch nur gut mit ihm ... wer habe schon einen Vater, der sich so viele Sorgen um seinen Sohn mache? Dieter wird unter moralisierenden Druck gesetzt. Er, der selbst in Nöten ist, soll dem Vater dankbar sein.

Dieter reagiert verwirrt, er muss sich von der Mutter verlassen fühlen. Er erspürt genau, dass die mütterliche Moral nicht stimmt. Moral stellt sich ja häufig dann ein, wenn wir eigenverantwortlichem Tun nicht gewachsen sind. Die Mutter reagiert ihrem Mann gegenüber wie eine Tochter und verliert auf diese Weise ihre für den Sohn wichtige mütterliche Rolle. Sie ist jedoch nicht seelenblind geworden. Sie kann über ihre Zwiespältigkeit und Not in der Gegenwart des Mannes sprechen. Darin kommt eine Hellhörigkeit für Gefühle zum Ausdruck, die als gute Mithilfe bei der Lösung der eingetretenen Familienprobleme zu werten ist. Wie sicher Dieter das unbefriedigende Lebensgefühl seiner Mutter erfasst hat, werden wir etwas später in seinen eigenen Worten hören.

Wie kommt eine solche Vereinbarung zustande, nur dem Vater die Verantwortung für die Schullaufbahn des gemeinsamen Kindes zu überlassen? Herr S. hat als Einziger unter vielen Cousins und Cousinen das Abitur gemacht und erfolgreich ein Studium abgeschlossen. Frau S., in einer bäuerlichen Familie aufgewachsen, hat nach besuchter Hauptschule eine Lehre als Verkäuferin abgeschlossen. Die Eltern von Herrn S. sind mit ihrer Schwiegertochter nicht besonders einverstanden und halten es für gerechtfertigt, auch noch ihrem verheirateten Sohn die (alleinigen) Entscheidungen über Schulbildung und Beruf seines Kindes nahe zu legen. Selbst die gehobene Berufsposition kann Herrn S. von seiner inneren Eltern-Abhängigkeit nicht befreien. Er nimmt ihre Aufforderung an. Frau S. erhofft sich von ihrer »Anpassung« eine herzlichere Beziehung von Seiten ihrer Schwiegereltern und auch eine Stabilität ihrer Ehe.

Wie zu sehen sein wird, spielen viele frühe Erfahrungen in den erzieherischen Umgang mit Kindern hinein. Sie müssen keineswegs immer ins Gedächtnis zurückgerufen werden. Wenn sie wie hier bei Dieter zur ungewollten Blockierung seiner geistig-seelischen Entwicklung führen, kann es hilfreich sein, seinen eigenen Erfahrungen als Kind nachzugehen. Nicht, wie das immer noch zu geschehen pflegt, um Mutter und Vater anzuklagen für übersehene Hilfeleistungen und Versäumnisse, sondern um sich mit sich selbst vertraut zu machen und die Verantwortung für die eigene Lebensform zu übernehmen. Eltern können aus dem Kind nicht etwas machen, was es nicht selbst tut, und zugleich sind Kinder auf Vater und Mutter angewiesen, um ihre Individualität zu entwickeln. Im pädagogischen Kapitel *Über das Erziehen* soll versucht werden, auf diese komplizierte Verflechtung von Individuum und Gesellschaft näher einzugehen.

Noch einmal zurück zur Situation von Dieter. Weder Vater noch Mutter sehen sich in der Lage, den kindlichen Lernschwierigkeiten mit ermutigenden, konstruktiven Mitteln beizukommen. Sie malen seine Zukunft in schwarzen Farben und halten ihm ein schmales Zuckerbrot in Form von Pfadfinderausflügen hin, das von Woche zu Woche immer unerreichbarer für Dieter wird. Er ist eingespannt in das Leistungskorsett von Schule und Familie. Er hat ein bestimmtes Leistungspensum in einer bestimmten Zeit zu erbringen. Sein Alltag steht unter dem Diktat einer permanenten Produktion von Lernerfolgen. Das Schulsystem mit seinen rechnerischen, Lernzeit und Lernerfolg verrechnenden Schemata hat auch seine Eltern eingeholt, so dass diesem Schüler keine Chance bleibt, persönlichen Neigungen in einem ihm gemäßen Rhythmus nachzugehen. Das kann auch ein »intelligentes« Kind nicht ohne Einbuße von Selbstvertrauen und Lebensmut verarbeiten.

Es wird einsichtig sein, dass hier nicht ein Mehr an Druck und Sanktionen angezeigt ist, sondern eine sehr veränderte pädagogische Umgangsweise und eine stützende Begleitung von Kind und Eltern. Anders ausgedrückt, die eingefahrenen Beziehungsmuster müssen merklich verändert werden.

Einen ersten Schritt zu einer Veränderung der Lebenssituation haben die Eltern selbst gemacht, noch ohne dies in voller Bewusstheit anzustreben. Sie haben wegen zunehmender depressiver Verstimmungen und Schlafstörungen des Sohnes ihren Hausarzt aufgesucht, der keine körperlichen Anhaltspunkte für die Beschwerden feststellen konnte und zu einer psychologischen Hilfe riet.

Schon zwei Tage nach diesem Rat nehmen die Eltern Kontakt zu uns auf. Sicherlich hat ihnen der klare und eindeutige Rat des ihnen vertrauten Arztes dabei geholfen. Darüber hinaus möchte ich vermuten, dass auch diese Eltern tief in ihrem Innern die Gewissheit haben, der eingeschlagene Weg könne nicht wirklich zum angestrebten Ziel führen. Unsere Gefühle sind häufig »vernünftiger« als unser Verstand. Wir haben es aber oft nicht leicht, uns ihnen anzuvertrauen.

Ein zweiter Schritt zu einer merklichen Veränderung wird möglich, als der Vater nach einer Entscheidungspause zustimmen kann, auf bestimmte Zeit seine Kontrollfunktion über das Lernen des Sohnes aufzugeben. Auch diese Absage an eingefahrene Umgangsweisen war genauso wie die Hellhörigkeit der Mutter für ihre Seelenlandschaft für mich ein willkommenes Signal, der erwünschten ambulanten Behandlung zuzustimmen. Es mag hart klingen, wenn der Leser hört, ohne diese Zustimmung der Eltern hätte ich eine stationäre Behandlung empfehlen müssen.

Da ich zehn Jahre im klinischen Rahmen Kinder und Jugendliche psychotherapeutisch behandelt habe, konnte ich überzeugend erfahren, dass eine vorübergehende Lösung beziehungsweise Trennung aus festgefahrenen familiären Beziehungsmustern für beide Seiten, für Kinder und ihre Eltern, eine merkliche Entspannung bringen kann. Unter den stationären jungen Patienten entwickelt sich schnell eine Solidarität. Sie sitzen alle im gleichen Boot. Sie brauchen Hilfe zur Bewältigung ihres Alltags und zur Befreiung von angestauten, ihnen nicht mehr bewussten Ängsten. Gewiss wird für viele Eltern wichtig sein zu erfahren, dass während dieser Zeiten keines der Kinder seine Zugehörigkeit, das heißt seine Loyalität zu den Eltern aufgegeben hat. Offensichtlich gibt es überpersönliche Ordnungen, denen wir nicht ohne Not zuwiderhandeln können.

Zwei weitere wichtige Schritte zur Veränderung der äußeren Lebenssituation von Dieter teilen wir später mit. Hier geht es zunächst um die Frage: Wie sehen die Lehrer die Leistungssituation ihres Schülers Dieter? Im Lehrerbericht heißt es, Dieters mündliche Beteiligung ließe zu wünschen übrig. Sei Dieter einmal aus seiner Reserve herauszulocken, so fielen seine Antworten überdurchschnittlich klug aus. Er könne also, wenn er nur wolle. Bei schriftlichen Arbeiten, etwa in Deutsch, könne es vorkommen, dass der Schüler sein Heft ohne einen einzigen Eintrag abgebe. Andererseits kann er einen so guten Aufsatz schreiben, dass der Lehrer ihm vorschlage, seine Arbeit vorzulesen. Dieter habe bisher konsequent eine solche Herausstellung seiner Leistung abgelehnt. Die Lehrer sehen insgesamt in den »widersprüchlichen Verhaltensweisen« ihres Schülers so etwas wie eine Unart, die er bei gutem Willen aufgeben könne.

Wie mag es einem Zwölfjährigen zumute sein, der seine Intelligenz von dafür ausgebildeten Fachleuten bescheinigt erhält, der über die Notwendigkeit von guten Schulleistungen ständig und sorgenvoll von Vater und Mutter belehrt wird und der von den Lehrern mündlich und schriftlich erfahren hat, er allein sei zuständig für ein Abstellen seiner Passivität und seines unterschiedlichen Leistungswillens? Kein Erwachsener in seinem Erlebnisfeld steht auf der Seite der Hoffnung und des Zutrauens zu ihm. Alle befinden sich gleichsam auf der Gegenseite, der Seite der Mahner, der Unzufriedenen und der Schwarzseher. Woher soll Dieter in dieser inneren Ausweglosigkeit den Mut zum weiteren Leben nehmen?

Die zitierte Formulierung, der Schüler »könne, wenn er nur wolle«, ist alles andere als eine pädagogische Hilfe. Mit ihr lässt auch der Lehrer das Kind allein. Es drängt sich daher die Frage auf, für wen und zu welchem Zweck werden Zeugnisse geschrieben?

Was fängt ein Schüler damit an, wenn ihm mehrfach der Mangel an gutem Willen bescheinigt wird? Solche Formulierungen können ebenso wie die »Exaktheit« vermittelnden Noten nicht darüber hinwegtäuschen, wie wenig sie auf das einzelne lernende und zu fördernde Kind abgestimmt sind.

In unserem Jahrhundert sind unzählige Male Versuche unternommen worden, zu einer individuellen und pädagogisch wirksamen Leistungsbewertung zu kommen. Dass bisher keine Verständigung über eine wirklich objektive Leistungsbeurteilung zustande gekommen ist, daran ist nicht die Lehrerschaft schuld. Eine gerechte Beurteilung müsste neben den erbrachten Leistungen auch die Voraussetzung und die Möglichkeiten des einzelnen Schülers berücksichtigen. Das ist angesichts unserer Leistungs- und Konsumgesellschaft ohne Zweifel eine äußerst schwierige Aufgabe. Sie ist wohl nur unter Beteiligung aller Fachbereiche einschließlich der Politik zu lösen. Vielleicht kommen wir einen Schritt weiter, wenn wir die Schule nicht länger als »Reproduktionsmaschine« hinnehmen und uns vom hoch aktiven und lernfähigen Kleinkind abschauen, dass es offensichtlich zum Menschen und seinem Bedürfnis nach einem »gelösten Seelenzustand« gehört, aus *eigenen* Kräften etwas zu bewirken, etwas leisten zu *wollen*.

Bevor wir Dieter selbst zu Wort kommen lassen, noch eine kurze allgemeine Bemerkung zum »auffälligen« Schüler in der Klasse. Wer als Lehrer oder Lehrerin wöchentlich auf 200, 300 oder mehr Schüler und Schülerinnen trifft und eine von diesen oft als unsinnig erlebte Stoff-Fülle vermitteln muss, kann nicht gleichzeitig zuständig für eine wirksame Abhilfe bei auffälligem Schülerverhalten sein. Ich habe nicht wenige Eltern kennen gelernt, die diesbezüglich unrealistische Erwartungen an die Lehrkräfte ihrer Kinder hatten. Gewiss kann ein Lehrer auch bei auffälligen Schülern mehr tun, wenn ihm nicht nur das Notensystem zur Verfügung stünde, sondern zugleich ein vertieftes Verständnis für die Lernfähigkeit der Heranwachsenden. 1994 hat das bayerische

Kultusministerium eine vermehrte pädagogische Aufgabe für Lehrer in die Allgemeine Schulordnung aufgenommen. Was braucht aber ein Lehrer, um diese Zusatzaufgabe zu erfüllen? Was braucht er, um sich vom einseitigen Wissensvermittler zum Wissen vermittelnden *Partner* verändern zu können? Mir fehlt die Kompetenz, um auf diese Fragen näher einzugehen. Eines scheint mir jedoch gewiss: Für die Ausstattung zu dieser zusätzlichen Aufgabe ist die selbstkritische Reflexion der persönlichen Unterrichtsformen unersetzlich. Könnte ein ernst zu nehmender Anfang darin bestehen, Kollegen als Zuschauer beim Unterricht zuzulassen?[14]

Nun sollen, wie schon angedeutet, zwei weitere wichtige Veränderungen im Alltag von Dieter genannt werden. Die Lehrer waren mit Einverständnis von ihm und seinen Eltern über die notwendig gewordene psychologische Hilfe informiert. Sie empfahlen für die Aufgabe der Lernhilfe einen jungen Studenten, der als Schüler das gleiche Gymnasium besucht hatte und hoben seine große Begabung, Intelligenz mit Humor zu verbinden, hervor. Wahrlich eine nennenswerte Qualität für Schüler auf ihrem Weg durch das Dickicht der unterschiedlichen Lernaufgaben! Der »neue« Lehrer und er haben auf der gleichen Schulbank gesessen. Dieter hat präzise an dieser Stelle nachgefragt und sich für sein Ziel vorbildlich eingesetzt. Er hat Spaß an dem Wort »Glückskinder« entwickelt, mit dem der neue Lehrer seine Fehler bezeichnete und ihm sehr genau nachwies, was er alles ohne sie gar nicht erfahren hätte.

Eine weitere entscheidende Hilfe war für ihn die Vereinbarung der Lehrer, für eine unbestimmte Zeit seine Klassenarbeiten nicht zu benoten. Überzeugender hätte Dieter nicht erfahren können, dass es um ihn als Person, als leistungswilligen Schüler gehe und nicht in erster Linie um seine Noten. »In der Schule merkt man gar nicht, dass Lehrer auch Menschen sind. Ich muss immer denken, dass mein Mathematiklehrer auch zu Hause nur in Zahlen und Formeln spricht«, so etwa reagierte der Zwölfjährige auf das unerwartete Zugeständnis seiner Lehrer.

Nach einer halbjährigen Behandlungszeit hat Dieter folgende Bilanz gezogen. Sie war ihm bis dahin weitgehend nicht bewusst. Er hat mir erlaubt, sie aufzuschreiben.

»Ich will gar nicht klug sein. Und ich will auch keinen besonderen Beruf erlernen. Ich will nicht so werden wie der Vater. Warum lebt man überhaupt? Das Leben ist ja doch nur schwer und bitter. Mein Vater sagt immer, ich soll keinem Menschen trauen. Nur Hunde seien dem Menschen treu, nicht aber Menschen dem Menschen. Aber Hunde sind ja anderen Hunden auch nicht treu! Die beißen ja aufeinander los. Darum ist es falsch, wenn Vater die Hunde so lobt.

Mein Vater ist bestimmt nicht zufrieden mit seinem Leben. Alles, was nichts einbringt, ist für ihn nichts. Ich glaube, er findet Singen nicht männlich. Abends im Bett denke ich mir manchmal aus, ich bin ein großer Bühnensänger. Alle Leute klatschen dann, wenn ich gesungen habe. Mein Vater ist der Einzige, der nicht klatscht. Wenn er bei einem Unfall stirbt, wird meine Mutter mir vielleicht das Singen erlauben. Meine Mutter traut sich nicht zu sagen, was sie denkt. Ich finde, wenn eine Frau verheiratet ist, darf sie nicht nur zu ihrem Mann halten. Wenn ich noch einen Bruder hätte, täten wir jeden Abend über die Eltern schimpfen. Vielleicht könnte ich dann schneller einschlafen.

Meine Mutter ist auch nicht zufrieden mit dem Leben. Sie sagt so oft, › wie gut, dass wir nur ein Kind haben‹ . Manchmal will ich gar nicht meinen Geburtstag feiern. Ich habe ihr sehr weh getan – bei der Geburt. Ich hatte einen zu großen Kopf. Ein ganzes Jahr hat sie gebraucht, um sich wieder zu erholen. Ich muss immer denken, sie haben mich gar nicht gewollt.

Die Lehrer tun so, als ob sie alles wüssten. Keiner hat mir gesagt, wie ich das Lernen lernen soll. Manchmal möchte ich schon der Beste sein. Aber dann können die anderen Kinder mich bestimmt nicht leiden. Christian, der neben mir sitzt, hat gesagt, wenn ich ein Streber bin, ist er nicht mehr mein Freund. Ich brauche ihn aber, weil ich keinen anderen Freund in der Klasse habe. Er weiß es nicht, dass ich deswegen zu ihm halte. Die Lehrer sagen, ich soll meinen guten Willen zeigen. Als ob ich das einfach so machen könnte.

Ach – und überhaupt. Ich wünsche mir, dass die Großen in die Schule gehen müssen und Kinder Zensuren geben können. Mein Vater bekommt dann in »Volksreden« eine Eins. Er redet immer so lange und so laut, als ob er in einem großen Saal stehen würde. Manchmal redet er auch mitten beim Essen. Meine Mutter bekommt in »Liebigkeit« eine Fünf. Aber am Sonntag bekommt sie eine Eins, weil sie da Zeit für mich hat und mich nicht ermahnt. Früher hat Vater immer Zeit für mich am Sonntag gehabt. Da war es viel besser. Jeden Tag einen Vater haben, ist sehr anstrengend. Das ist ja nun anders geworden. Ich finde es toll, dass er mich nicht mehr nach meinen Schulnoten fragt. In seiner Zeit hätten seine Lehrer ihm nicht die Noten erspart. Ich denke, er ist ein bisschen neidisch auf mich. Er sagt, die Welt ändert sich eben. Und ich sage, die Erde kann sich nicht ändern, nur die Menschen können das.«

Wissen die Leser, dass Kinder oft kleine Philosophen sind? Hören Sie ihnen gut zu. Sie werden es entdecken.

In dieser Schülerskizze ist der Versuch gemacht worden, die Bedeutung der Intelligenz als eine der zentralen Kriterien für eine erfolgreiche Schullaufbahn deutlich zu machen. Leistungsversagen als fehlenden guten Willen zu definieren, geht meist an der komplexen Lernsituation vorbei und muss die Anstrengungsbereitschaft des Kindes blockieren, weil dies keine positive, lockende Perspektive aufzuzeigen vermag. Dieter scheitert am Leistungsdruck. Er ist dabei, das Lernen aufzugeben, weil er kein Vertrauen in seine eigenen Kräfte mehr hat. Sein Alltag sperrt ihn von persönlichen Interessen und damit von Erfolgserlebnissen und sinnvollem Tun aus. Das Leben findet jedoch nicht nur in der Schule statt.

Vorhandene Intelligenz ist nicht mit verfügbarer Intelligenz gleichzusetzen. Kinder sind angewiesen auf den Zuspruch der Eltern, auf ein wohlwollendes häusliches Klima. Sie brauchen eine angstfreie Zugehörigkeit zur Klasse und eine einigermaßen sichere soziale Position in ihr. Sie brauchen auch den Zuspruch der Lehrer und die Vermittlung, dass Fehler keine Schande sind, dass sie zum Lernen und zum Leben dazugehören.

Von der Kinderseele eines Dichters

Viele Leser werden den Dichter Hermann Hesse aus seinen Büchern kennen. Hier werden wir ihn als Kind kennen lernen. In seine Innenwelt lässt uns die berührende Erzählung *Kinderseele* einen tiefen Einblick tun. Der Dichter hat in dieser Erzählung einen der schwärzesten Tage seiner Kinderzeit nachgezeichnet und mit der Kunst seiner Sprache so lebendig werden lassen, dass der Leser das Herz des Kindes schlagen fühlt, seine Verzweiflung miterlebt und wohl unmittelbar berührt wird von dem, was auch schon Kinder an Tiefen und Höhen in ihrer Innenwelt durchschreiten müssen. Hermann Hesse beschreibt einen Kinderalltag aus dem Jahre 1888.

Das Bemerkenswerte ist dabei wohl dies: Dieser Alltag unterscheidet sich nicht von ungezählten Alltagen heutiger Kinder, wenn wir den Blick auf kindliche Gefühlskonflikte richten. Der damals Elfjährige hat sehr darunter gelitten, keine vertrauensvolle und liebende Beziehung zu seinem Vater zu besitzen. Eine solche Ferne des Sohnes zu seinem Vater charakterisiert auch heute noch das Leid vieler Kinder. Vielleicht erinnern Sie sich an das Kapitel, in dem von unfreiwilligen Vätern berichtet wurde, dass 90 von

100 Vätern als Kinder kein väterliches Vorbild erleben konnten, da sie von ihren ständig abwesenden Vätern übersehen wurden. Der Anlass selbst, der vor mehr als 100 Jahren ein Kind in eine verzweifelte Verstimmung trieb, zählt gewiss auch heute noch zu einem der äußeren Auslöser, die Kinder- und Elternnot heraufbeschwören können. Ein Kind »stiehlt« und kann im ersten Anlauf nicht die Wahrheit sagen.

Als Grundübel seines Leids und seines Zwiespalts, seiner Zweifel am eigenen Wert und seines Schwankens zwischen positiver Selbsteinschätzung und Mutlosigkeit beschreibt der mittlerweile 40-jährige Dichter rückblickend die Angst. »Wenn ich alle Gefühle und ihren qualvollen Widerstreit auf ein Grundgefühl zurückführen und mit einem einzigen Namen bezeichnen sollte, so wüsste ich kein anderes Wort als: Angst. Angst war es, Angst vor Unsicherheit, was ich in all jenen Stunden des gestörten Kinderglücks empfand, Angst vor Strafe, Angst vor einem schlechten Gewissen, Angst vor Regungen meiner Seele, die ich als verboten und verbrecherisch empfand.«

Auch heute lässt sich unter tiefenpsychologischer Betrachtung die Frage, wie entstehen seelische Not und Unfreiheit, wie entsteht das, was wir als Blockierung angelegter Reifungsmöglichkeiten charakterisieren, nicht anders beantworten als mit dem Wort »Angst«, wenn wir uns auf ein einziges Wort beschränken wollen.

Der schwarze Tag im Leben des Elfjährigen beginnt damit, dass Hermann Hesse sich entschließt, zum Vater ins Studierzimmer zu gehen. Das Studierzimmer war das »Reich des Vaters«; in ihm »wohnten Macht und Geist, hier waren Gericht und Tempel«. Über die Gründe seines Entschlusses steht geschrieben: »Wenn ich auch Furcht vor ihm hatte, zuweilen war es doch gut, sich an ihn zu wenden, dem man so viel abzubitten hatte.«

Wir fragen: Warum mag es gut sein – nur »zuweilen gut« sein –, sich an den Vater zu wenden? Was haben Söhne ihren Vätern »abzubitten«, wenn sie im zwölften Lebensjahr stehen? Wir fragen nicht, um Antworten zu suchen. Antworten wären nur ansatzweise möglich, wenn wir die genaue Lebensgeschichte des Dichters mit heranzögen. Wir fragen deshalb, weil in dem kleinen Satz so spürbar die befangene, unfreie Beziehung des Kindes zu seinem Vater anklingt, auf die wir aufmerksam machen möchten. »Beklommen wie immer« drückt der Elfjährige die Türklinke nieder und öffnet »die Tür halb«. Für den Jungen unerwartet ist der Vater nicht in seinem Arbeitszimmer. »Mit einer Empfindung halb von Enttäuschung und halb von Aufatmen trat ich ein. Ich dämpfte meinen Schritt und trat nur mit den Zehen auf, so wie wir hier oben manchmal gehen mussten, wenn der Vater schlief oder Kopfweh hatte. Und kaum war dies leise Gehen mir bewusst geworden, so bekam ich Herzklopfen und verspürte verstärkt den angstvollen Druck im Unterleib und in der Kehle wieder. Ich ging schleichend und angstvoll weiter, einen Schritt und wieder einen Schritt, und schon war ich nicht mehr ein harmloser Besucher und Bittsteller, sondern ein Eindringling. Mehrmals schon hatte ich heimlich in des Vaters Abwesenheit mich in seine beiden Zimmer geschlichen, hatte sein geheimes Reich belauscht und erforscht und hatte zweimal auch etwas daraus entwendet.«

Wir dürfen hier nicht vergessen, dass der Vater zur damaligen Zeit als unangefochtene Autorität und als Familienoberhaupt im Erleben von Frau und Kindern eine Machtposition schlechthin einnahm, die Beklemmung schuf, auch wenn er nicht anwesend war und man »nur« seinen Raum betrat. Auf die Verflochtenheit der Rangordnung von Eltern und Kind mit der pädagogischen Leitlinie der jeweiligen kulturgeschichtlichen Situation gehen wir hier nicht ein. Worauf es hier ankommt, sind die Erhellung kindlicher Gefühlsprobleme und der Zugang dafür, dass die seelische Entfaltung eines Kindes und damit sein späterer Charakter untrennbar verwoben sind mit den Gefühlserfahrungen in seinem Elternhaus. Bei Hesse heißt dieses Elternhaus charakteristischerweise »das Vaterhaus«.

Wir wissen jetzt schon einiges über den Elfjährigen, wenn wir die Fragen stellen: Was geht in seiner Seele vor? Was spielt sich in seiner Innenwelt, der Welt der Antriebe und des Begehrens, der Angst und ihrer Abwehr, des Gewissens und der Moral ab? Das Kind Hermann Hesse erlebt sich als Eindringling, nicht mehr als Besucher seines Vaters. Eindringen will der Mensch gewöhnlich dann, wenn er ein Anrecht empfindet auf einen Bereich, der ihm verwehrt wird, den man ihm vorenthält. Eindringen heißt Kampfansage und Auflehnung gegen die, die die selbstverständliche Teilhabe an diesem Bereich verwehren. Der abwesende Vater erspart ihm ein bewußtes und aktives Eindringen, wozu er auch gar nicht in der Lage gewesen wäre. Wer die Tür nur »beklommen« und »halb« zu öffnen wagt, verfügt nicht über die seelischen Kräfte, die Voraussetzung für konstruktives Handeln sind. Der nicht anwesende Vater stellt zugleich eine Verführung dar, etwa in dem Sinn: Was ich Auge in Auge nicht wage, werde ich mir heimlich »dennoch« holen. Wer wie das Kind Hermann Hesse nicht satt werden kann im Beschauen und Befassen, im Vertrautwerden mit den Dingen, die den Vater interessieren, wer nicht wirklich teilhaben kann an der inneren und äußeren väterlichen Welt, der wird in einer solchen Situation bedrängt von all den unerfüllten Sehnsüchten und verpassten Möglichkeiten, die ein heranwachsendes Kind in sich birgt. Jungen brauchen die emotionale Teilhabe an der väterlichen Welt, eine liebevolle Beziehung zum Vater, wenn sie angstfrei der Rolle des Mannes und Vaters entgegenwachsen sollen.

Angesichts solcher tiefenpsychologischer Erfahrungen ist die folgende Passage psycho-logisch stimmig: »Jetzt war das Unglück da, jetzt passierte etwas, jetzt tat ich Verbotenes und Böses. Kein Gedanke an Flucht! ... Niemand erlöste mich, und in mir selber war keine Freiheit, anders zu tun, als der Dämon wollte. Verbrechergefühl zog mir den Magen zusammen und machte mir die Fingerspitzen kalt, mein Herz flatterte angstvoll. Noch wusste ich keineswegs, was ich tun würde. Ich wusste nur, es würde etwas Schlechtes sein.«

Kinder sprechen heutzutage wohl kaum von einem »Dämon«, der ihnen vorschreibt zu tun, was sie von ihrer Einsicht her nicht tun wollen. Sie sprechen jedoch vom »Teufel«, der in ihrem Herzen sitzt wie hinter verschlossenen Türen, der sein Unwesen treibt und die Türen von innen verriegelt hält. Dieses Bild macht deutlich, wie hilflos ein Kind seinen Triebkräften ausgesetzt sein muss, wenn ihm während der ersten Lebensjahre seine egozentrischen, verwirrenderweise auch »asozial« genannten Impulse als Werk des Teufels klassifiziert werden.

Ein Kind lieben heißt, ihm da keine Angst machen, wo es dieser Angst wehrlos ausgeliefert ist, weil seine Denk- und Fühlweise Worte und Dinge nur konkret auffassen können. Wenn Eltern vom Teufel sprechen, dann ist er für das kleine Kind leibhaftig vorhanden. Darum gehört das Wort »Teufel« in Verbindung mit kindlichen emotionalen, so genannten bösen Regungen nicht in das Weltbild eines kleinen Kindes.

Aber zurück zum Kind Hermann Hesse. Was hat der Dämon ihm befohlen? »Ich sah in einer aus Bast geflochtenen, indischen oder sonst exotischen Schale etwas liegen, etwas Überraschendes, Verlockendes, einen ganzen Kranz von weiß gezuckerten Feigen! ... Und als meine Taschen gefüllt und von dem Kranz wohl mehr als die Hälfte verschwunden war, ordnete ich die übrig gebliebenen Feigen aus dem etwas klebrigen Ring lockerer an, so dass weniger zu fehlen schienen.«

Bald danach sitzt Hermann Hesse mit Eltern und Geschwistern am Mittagstisch. »Du siehst heute so schlecht aus«, spricht der Vater über den Tisch weg. »Ich sah auf meinen Teller und fühlte seinen Blick auf meinem Gesicht. Er merkte ja alles, immer. Warum quälte er mich vorher noch? Mochte er mich lieber gleich abführen und meinetwegen totschlagen. › Fehlt dir etwas?‹ hörte ich seine Stimme wieder. Ich log, ich sagte, ich habe Kopfweh.«

Ein Tag und eine Nacht vergehen. Der Sonntagmorgen, der dann beginnt, beschwichtigt zunächst in seiner Sonntäglichkeit die qualvollen Stunden der Reue und Verzweiflung, der zwiespältigen Hoffnung auf Unentdecktbleiben und Vergebung. Dann aber geht die Tür auf, der Vater tritt ein. »Er war blass und sah gequält aus. Der Gruß blieb mir im Halse stecken. Ich sah, er wusste. Er war da. Das Gericht begann ... Ich hasste ihn, warum war er nicht gestern gekommen? Jetzt war ich auf nichts vorbereitet, nicht einmal Reue und Schuldgefühl.«

Was nun zwischen Vater und Sohn einsetzt, ist Inquisition, aber keine Pädagogik. Der Vater weiß natürlich, dass sein Sohn der Feigendieb ist. Dennoch spielt er die Rolle des Ermittlers: »Woher hast du die Feigen?« Vater Hesse hat einige Feigen hinter den Büchern hervorgezogen. »Wie viel haben denn die Feigen gekostet? ... Und wo hast du sie gekauft?« »Beim Konditor.« »Bei welchem?«

Und dann kommt die schreckliche, von Kindern häufig als tödlich erlebte Frage, die gar keine Frage ist: »Ist das auch wahr?« Warum stellen Mütter und Väter die Frage nach der Wahrheit, wenn sie die Wahrheit längst wissen? Wenn sie wissen, wer der Täter ist? Die Ausflüchte eines Kindes dokumentieren unübersehbar, dass das Kind im Augenblick nicht in der Lage ist, die Wahrheit zu bekennen, das heißt, sich zu einer begangenen Schwäche zu bekennen. Wir Erwachsenen sind ungeübt, durch eine Kinderlüge hindurchzuschauen und den Hintergrund zu erkennen, der sie ausgelöst hat. Wir klammern uns daher an der Lüge fest, als sei sie die »ganze Wahrheit«, um die es geht. Sie ist jedoch immer nur ein Teil von ihr, das Ergebnis innerlich noch nicht gewonnener Kämpfe. Wer seine Schwäche eingestehen soll, muss stark sein. Nur der Starke kann sich trotzdem leiden. Einem Kind dabei zu helfen, die Wahrheit zu sagen, ist nur dann möglich, wenn wir es stark dafür machen, sich mit ungesteuerten und daher unangemessenen Aktionen und Reaktionen in konstruktiver Weise auseinander zu setzen. Eine solche positive Auseinandersetzung beginnt immer mit einer »Ent-Ängstigung« und niemals mit einer Angstverstärkung, die als Folge einer Bombardierung mit Fragen eintreten muss. Ein Kind zu lieben heißt, es stark zu machen dafür, Missetaten zu bekennen und vermeiden zu wollen.

Die Inquisition zwischen Vater und Sohn Hesse endet nicht mit dieser Frage-Bombardierung, sie geht weiter. »Nimm deine Mütze«, sagte der Vater, »wir wollen miteinander zum Konditor Haager gehen. Er wird ja wissen, ob es wahr ist.« Und dann folgt der Gang vom Kläger und Angeklagten nebeneinander durch das heimatliche Städtchen am Sonntagmorgen. »Obwohl ich wusste, dass alle Leute mir ansahen, ich sei ein abgeführter Verbrecher, versuchte ich doch mit tausend Künsten, es zu verheimlichen. Ich bemühte mich, einfach und harmlos zu atmen. Es brauchte niemand zu sehen, wie es mir die Brust zusammenzog ... Ich zog einen Strumpf hoch, ohne dass er es nötig hatte, und lächelte, während ich wusste, dass dies Lächeln dumm und künstlich aussehe.«

Vater und Sohn sind nahe bei Haagers Haus angekommen, da bleibt der Sohn stehen. Es ist ihm nicht mehr möglich, diesen Gang weiter auszuhalten. »Nun? Was ist?«, fragte der Vater. »Ich gehe nicht hinein«, sagte der Sohn. »Er sah zu mir herab. Er hatte es ja gewusst, von Anfang an. Warum hatte ich ihm das alles vorgespielt und mir so viel Mühe gegeben? Es hatte ja keinen Sinn. › Hast du die Feigen nicht bei Haager gekauft?‹ fragte er. Ich schüttelte den Kopf. › Ach so‹, sagte er mit scheinbarer Ruhe, › dann können wir ja wieder nach Hause gehen.‹ Er benahm sich anständig, er schonte mich auf der Straße, vor den Leuten ... Welches Theater! Ich konnte ihm für diese Schonung nicht dankbar sein. Er wusste ja alles! Und er ließ mich tanzen, ließ mich meine nutzlosen Kapriolen vollführen, wie man eine gefangene Maus in der Drahtfalle tanzen lässt, ehe man sie ersäuft.«

Wieder im Haus angelangt, stehen Vater und Sohn im gleichen Zimmer wie vor dem Scheingefecht. »Er war noch immer ruhig und kühl, vielmehr er stellte sich so, denn in Wahrheit war er, wie ich deutlich spürte, sehr böse. Nun begann er in seiner gewohnten Art zu sprechen. › Ich möchte wissen, wozu diese Komödie dienen soll? Kannst du mir das nicht sagen? Ich wusste ja gleich, dass deine ganze hübsche Geschichte erlogen war. Also wozu die Faxen? Du hältst mich doch nicht im Ernst für so dumm, dass ich sie dir glauben würde?‹ «

Nehmen wir an dieser Stelle noch einmal das Beziehungsthema auf. Das Kind Hermann Hesse hat deutlich gespürt, dass die väterlichen Worte nur Scheingefechte sind. Die Kränkung des Vaters, sein Bösesein auf ihn als schuldig gewordenes Kind sind ihm nicht verborgen geblieben. Und genau diese erspürten Gefühle, die in die Worte einfließen, machen das Hauptgewicht in der zwischenmenschlichen Wirklichkeit aus. Nicht nur das, was wir sagen, nimmt der andere auf, sondern auch, wie wir sprechen, welche uns oft gar nicht immer zugänglichen Gefühle uns beim Sprechen bewegen.

Die innere Gefühlslandschaft nehmen wir nicht nur in den gesprochenen Worten wahr. Sie zeigt sich auch in der Tonart, im Tempo der Sprechweise, in den Gesichtszügen, der Gestik und den Bewegungen des anderen. Die Vielfalt der gefühlsmäßigen Ausdrucksformen kommt im Wort »Körpersprache« zum Ausdruck, ebenso in dem kleinen Satz, dass der Mensch »viele Sprachen« habe. Jede Kommunikation, also jedes Miteinander enthält unvermeidlich zwei Aspekte. Sie vermittelt eine bestimmte Information, die wir »Inhalt« nennen. Und sie sagt etwas über die Beziehung zueinander aus. Das Kind Hesse spürt den Machtanspruch des Vaters. Es erlebt seine Worte wie ein Verhör, wie eine noch getarnte Anklage gegen ihn als Feigendieb. Die Art seiner Sprechweise vermittelt dem Kind, etwas Ungeheuerliches getan zu haben. Und weil es keine sichere, herzliche Beziehung zum

Vater hat, müssen sich in seinen Fantasien ungeheuerliche Folgen seines Vergehens einstellen. Wie anders sähe die Beziehung zwischen Sohn und Vater aus, wenn er etwa gesagt hätte: »Du hast meine Feigen entdeckt, sie werden dir geschmeckt haben. Aber ich möchte gern, dass du mich fragst, wenn du Feigen haben willst. Bist du einverstanden damit?«

Vater Hesse hat es aus inneren Gründen nötig gehabt, dem kleinen Sohn überlegen sein zu müssen. Er hat es auskosten müssen, ihn durchschaut zu haben. Er hat die ganze Szenerie eines sonntäglichen Spaziergangs aufgeboten, um dem Elfjährigen seine Bereitschaft zur Wahrheitssuche vorzuspielen. Er hatte diese »Wahrheit« ja bereits entdeckt. Die Beziehung des Vaters zu seinem Sohn drückt aus: Ich werde dir überlegen sein, ich werde dir Angst machen, ich werde dich zu einem Geständnis zwingen.

In diesem Machtgebaren angesichts einiger gezuckerter Feigen zeigt sich autoritäres Verhalten. Es ist darauf angewiesen, im Kind Angst und Schuldgefühle zu wecken und erweist sich damit als Scheinautorität. Nährende, das heißt Halt gebende Autorität ist in der Zuständigkeit, der Kompetenz des Erziehenden begründet. Zur Kompetenz im erzieherischen Umgang gehört die Fähigkeit des Erwachsenen, das Gefälle zwischen Eltern und Kindern wahrzunehmen. Kompetenten Erwachsenen ist bewusst, dass Kinder nicht immer im ersten Anlauf die Wahrheit sagen können und deshalb ihre Hilfe brauchen.

Auch Vater Hesse hat seine Vergangenheit. Ganz sicher ließen sich in ihr ausreichende psychologische Anhaltspunkte für seine spezifische Charakterentwicklung finden. Wir sind ihr hier in dem irrationalen Anspruch auf Überlegenheit begegnet. Kehren wir noch einmal zur Erzählung von Hermann Hesse zurück.

Mehr als ein schwaches Nein bringt der Elfjährige nicht zustande, als der Vater noch immer auf einem bekennenden Wort besteht. »Also hast du die Feigen gestohlen!« Als der Vater dann noch wissen will, ob es ihm, dem Sohn, auch Leid tue, kann dieser sich nur noch verwundert fragen: »Wie konnte er nur, der große, kluge Mann, so unsinnig fragen?«

Der traurige Sonntag endet mit einem kurzen Gespräch, zu dem der Vater seinen Jungen vor dem Schlafengehen bringen konnte. Der Dichter schreibt, dass dieses Gespräch »versöhnte«. Die Frage bleibt offen, wann diese Versöhnung vom Kind erfahren wurde.

Als Hesse-Leser will ich hier ausdrücklich betonen, dass dieser Dichter die Spannbreite kindlicher Gefühlserfahrungen beschrieben hat. Schmerzhafte und freudvolle Kinderzeit, Ängste und Zugehörigkeit – beides kann das kindliche Herz erleben.

Über das Erziehen –
ein unendliches Thema

*G*ewiss unerwartet für den Leser lauten die beiden ersten Sätze in diesem Kapitel: Der Mensch kommt mit den nur ihm eigenen Genen zur Welt. Schon durch die Verschmelzung von Ei- und Samenzelle ist seine Einmaligkeit im Mutterleib festgelegt.

Der Mensch kann sich also seine Erbanlagen ebenso wenig aussuchen wie seine Eltern, die Zeit seiner Geburt oder das Land, das ihm Heimat wird. Auch Eltern können über die Gene ihrer Kinder nicht bestimmen. Erziehen geschieht nicht auf völlig freiem Feld. Ein deutscher Säugling, der in China aufwüchse, von Chinesen betreut und erzogen würde, nähme selbstverständlich die chinesische Kultur in sich auf. Erziehung und Kultur sind untrennbar miteinander verbunden.

Wir fügen hier hinzu: Die seelische Entwicklung ist nicht im gleichen Sinn vorbestimmt wie die individuelle körperliche Entwicklung oder auch die stammesgeschichtliche Entwicklung des Zentralnervensystems. Diese seelische Entwicklung ist kein biochemischer Vorgang, der sich in voraussagbaren Zeitgrenzen lediglich der Natur gehorchend vollzieht. Mit diesen wenigen Sätzen soll darauf hingewiesen sein, dass Anlage und Umwelt immer zusammen im Menschen wirksam sind. Der Forschung bleibt hier noch viel zu tun, um dieses Ineinander weiter aufzuklären. Die folgenden Seiten möchten auf diesem Hintergrund verstanden sein.

Erziehen ist ein unendliches Thema, vor allem für Mütter und Väter, die mit Kindern leben. Und natürlich auch für die professionellen Erzieher. Es zahlt sich aber nicht aus, sich deshalb nicht mit diesem Thema zu beschäftigen. Erziehen ist und bleibt ein schwieriges »Unternehmen«, zumal dann, wenn man den erzieherischen Umgang ähnlich wie andere Unternehmungen einschätzt, etwa wie einen Sonntagsausflug oder die Übersiedelung an einen neuen Wohnort. Erziehen wird mir oft als zu leicht angeboten und suggeriert daher, etwa mit bestimmten Regeln zurechtzukommen. Regeln können gewiss hilfreich sein und zu klaren Orientierungen für kleine Kinder werden. Sie können sich jedoch auch zu »heiligen Kühen« auswachsen, wenn sie keinen Spielraum für den unvorhersehbaren Augenblick und die ebenfalls nicht vorhersehbare Verfassung von Mutter und Kind lassen. Die Leser werden hier keine Regeln und auch keine Soll-Forderungen zu lesen bekommen. Anhand von drei Fragen werde ich versuchen, das »Unternehmen Erziehung« transparenter zu machen, wenn auch nur mit wenigen stichwortartigen Antworten. Diese Fragen und Antworten möchten deutlich machen, was auf Eltern zukommt, wenn sie ihrem Kind zu seiner persönlichen Entfaltung und zugleich dazu verhelfen wollen, dass es sich immer sicherer auch in seinem Umfeld zurechtfinden lernt. Erziehen ist immer abhängig von der jeweiligen Kultur und ihrer Zeit. Darum kann es nicht ausbleiben, dass jede Generation neu herausgefordert ist, zu überdenken, was sie der nachfolgenden vermitteln, was sie ihren Kindern gegenüber verantworten will. Die erste Frage geht daher auf unsere heutige Gesellschaft ein, auf eine Gesellschaft, die unter anderem als individualistisch charakterisiert werden kann.

Wie steht es mit dem Kind in unserer Gesellschaft?

Sind wir eine kinderfreundliche Gesellschaft? Übertragen auf den einzelnen Leser: Mögen Sie Kinder? Räumen Sie ihnen das Recht auf ein eigenes Dasein ein? Wir fragen nicht nur nach ihrem Stellenwert für Mütter und Väter, sondern auch für Passanten auf der Straße, für einkaufende Erwachsene in Supermärkten, auf verkehrsreichen Straßen oder in U- und S-Bahnen. Wir alle bilden die gegenwärtige individualistische Gesellschaft.[15] Die Menschen von heute und daher auch die Mütter und Väter von heute sind in dieser Gesellschaftsform aufgewachsen. Sie haben von klein an ihr Klima eingeatmet.

Der Individualismus ist seit der Mitte unseres Jahrhunderts zur vorherrschenden Ideologie geworden. Ideologien haben es an sich, dass man an sie glaubt und sie nicht hinterfragt. In dieser individualistischen Ideologie gilt nicht mehr die Gemeinschaft, sondern der Einzelne als Ausgangspunkt aller ethischen, gesellschaftlichen und auch religiösen Werte und Normen. Schon das Wort »Gemeinschaft« kann heute abwehrende Gefühle wachrufen. Solange das Individuum andere nicht beeinträchtigt, fühlt es sich »frei«. Es macht sich damit gleichsam zu seiner eigenen Autorität und beruft sich auf seine persönliche Meinung. Dass viele Einzelne in unserer Gesellschaft nicht glücklich sind, dafür sprechen die nicht mehr zu bändigenden Kosten für ärztliche Hilfen ebenso wie der anhaltende Boom nach psychologischen Hilfen. Es gibt heute mehr als 600 verschiedene psychologische Therapieformen, ein untrügliches Zeichen für das wohl nicht aufzulösende und uns aufgegebene Rätsel Mensch.

»Die Vorrangstellung des Einzelnen hat zur Vereinzelung geführt. Die Vereinzelung hat einen ausgeprägten Wettbewerb in Gang gesetzt und zu ungeahnter Produktionssteigerung geführt, für die kein geschichtliches Vorbild besteht. Zugleich sinkt die Fruchtbarkeit in den individualistischen Bevölkerungen so tief, dass ihr Bestand gefährdet ist.«[16] Zu welchen bedrückenden Folgen die

Überproduktion von nicht wirklich gebrauchten Konsumgütern führt, zeigt nicht nur die Not um den Arbeitsplatz an. Kinder atmen etwas von dieser Not ein oder bekommen sie hautnah zu spüren.

Es wird hiermit deutlich, dass die individualistische Zeitströmung gegenläufige Tendenzen zur mütterlichen und väterlichen Aufgabe anzeigt. Darum ist der Erwachsene heute in besonderer Weise herausgefordert, wenn er als Mutter oder Vater seinem Kind das Recht auf seine eigene Lebensform zugestehen will, also handeln und für es sorgen muss. Da für viele junge Erwachsene diese Herausforderung durch ein Kind nicht vorauszusehen ist, sind heute nicht selten unterschwellige Konkurrenzkämpfe zwischen Eltern und ihren noch sehr kleinen Kindern zu beobachten. Mütter und Väter fühlen sich in ihren persönlichen Aktivitäten begrenzt, was ja tatsächlich auch der Fall ist. Zugleich haben dieselben Mütter und Väter auch ein Gefühl dafür, dass ihre kleinen Kinder zu ihrer eigenen Lebensbewältigung auf ihre Begleitung und ihren Schutz angewiesen sind. Sie können aufgrund ihrer zwiespältigen Gefühle leicht ihre Unbefangenheit dem Kind gegenüber verlieren oder sich in eine künstlich anmutende Aktivität hineinsteigern. Kinder können oft nur auf dem Umweg von Schlafstörungen oder Ess-Störungen ihr Bedürfnis nach individueller Beachtung ausdrücken. Dass viele Eltern sich von diesen »Umwegen« anrühren lassen, haben wir in den Alltagsbeispielen aufzuzeigen versucht.

In diesem Zusammenhang sei auch kurz auf das immer noch missverstandene Wort »Selbstverwirklichung« eingegangen. Mir sind nur wenige Menschen bekannt, die es wirklich in seinem konstruktiven Sinn verstanden haben. (Es ist das Schicksal von Modewörtern, zu denen Fachwörter werden können, dass ihre Unbestimmtheit jede subjektive Deutung zulässt. Ein solches subjektives Verständnis von Selbstverwirklichung kann bis zur Freigabe an Lust und Laune führen – vermutlich der sicherste

Weg, nicht wirklich erwachsen zu werden, das heißt die Verantwortung für sein Leben zu übernehmen.)

Was ist dieses »Selbst«, das da verwirklicht werden soll? Eine
eindeutige wissenschaftliche Definition liegt nicht vor. Jedoch
wird jeder Leser eine Antwort auf die Frage haben, wie er seine
Persönlichkeit sieht, welches »Selbstbild« er von sich hat. Dazu
gehören unsere Stärken genauso wie die schwachen Seiten, die
wir gern verändert haben möchten. So entsteht ein »Idealbild«
von uns, das helfen kann, uns etwa in Geduld zu üben, freund-
licher zu anderen Menschen zu werden oder nicht zu verzweifeln,
wenn Wünsche nicht in der erwarteten Weise in Erfüllung gehen.
Das Bemühen, die Kluft zwischen dem Selbstbild und dem Idealbild zu verringern, das ist die Bedeutung vom Sich-selbst-Ver-
wirklichen. Und dieses Bemühen ist gewiss eine lohnende und
hervorzuhebende Aufgabe eines jeden Menschen.[17]

Nun muss hier ausdrücklich betont werden, dass viele Mütter
und Väter sich für Kinder und die damit verbundene Erziehungsaufgabe entschieden haben und wohl auch weiter entscheiden
werden. Wir haben in der kleinen Skizze von Renate und Hans
den Weg zu einer solchen Entscheidung kennen gelernt. Natürlich
reagieren auch verantwortliche Mütter und Väter ungeduldig und
gereizt auf ihre Kinder, weil Kinder eben anders als Erwachsene
sind. Sie leben den Augenblick, packen auch da unbekümmert
zu, wo schon mehrfach Scherben entstanden sind. Sie weinen,
wenn ihnen keiner zuhören will, und schreien im nächsten Augenblick, weil alles Spielzeug nichts taugt, sich nicht gefallen
lässt, was sie mit ihm vorhaben. Sie essen ihre Nudeln mit To-
matensauce nicht, auch wenn sie sich Nudeln heiß gewünscht
haben. Sie haben noch immer Durst im Bett, obwohl sie schon
dreimal zu trinken bekommen haben. Die noch »nicht planenden
und nicht vernünftigen« Kinder brauchen vor allem einen Erwachsenen, der ihnen ihre lustbetonten Aktivitäten und auch
ihren Weltschmerz an für uns uneinfühlbaren Stellen nicht übel

nimmt. Das heißt nun keinesfalls, dass Erwachsene nicht reagieren dürfen.

Wer weiß, dass Regen nass macht und trotzdem trocken bleiben möchte, tut gut daran, sich Schutz zu suchen oder den Schirm zu nehmen. Wer mit offenen Augen beobachtet, dass kleine Kinder noch unvertraut und ungesteuert mit sich und ihrer Umgebung umgehen und sich trotzdem nicht aus der Fassung bringen lassen will, ist gut beraten, den Vorsprung des Erwachsenen nicht zu gefährden, indem auch er wie ein Kind unberechenbar reagiert.

Wir nehmen jetzt die zweite Frage auf: *Was macht die Erziehungsaufgabe für den Erwachsenen, noch unabhängig von seinen persönlichen Zielvorstellungen, zu einem schwierigen Unternehmen?*

Erziehen heißt gleichsam zwei Herren zu dienen. Der eine will, dass das heranwachsende Kind von Stufe zu Stufe zu einem verantwortlichen Erwachsenen wird. Es soll fähig zum Handeln und Entscheiden werden und auch fähig dazu, das Leben zu genießen. Er soll ja zu sich und zur Welt sagen lernen. Der andere Herr tritt dafür ein, dass ein Kind sein Kindsein leben darf. Seine Reifestufen sollen berücksichtigt, seine Andersartigkeit im Vergleich zum Erwachsenen muss gesehen werden. Diese Andersartigkeit drückt sich nicht nur in seinem Körper, sondern viel entscheidender in seinem Fühlen, Denken und Handeln aus. Und dieses kindliche Fühlen, Denken und Handeln ist auf das Einfühlungsvermögen und die Bewertung durch seine Eltern angewiesen. »Das Kind hat ein Recht auf den heutigen Tag«, so hat es der polnische Arzt Janusz Korczak genannt, der freiwillig und gemeinsam mit seinen Waisenkindern in die Gaskammern gegangen ist.

Erziehen ist also in gewisser Weise eine widersprüchliche Aufgabe. Dieser Widerspruch wird noch deutlicher werden, wenn wir aufzeigen, was er für den Erziehenden selbst bedeutet. Das Kind braucht nämlich *Freiheit* und *Anpassung,* die Förderung seiner *individuellen* und *sozialen Kräfte.* Es muss seine *Gegenwart* leben dürfen, zugleich tun seine Eltern gut daran, auch seine *Zukunft* im Blick zu haben. Es muss *wachsen* dürfen, das heißt selbst bestimmen, und zugleich braucht es ein *Führen,* weil es noch ganz seinen naturgebundenen vitalen Impulsen ausgesetzt ist, die es ohne Hilfe von Erwachsenen in einer ihm undurchschaubaren Welt nicht steuern lernt. Die *Entfaltung seiner persönlichen Entwicklung* ist genauso Voraussetzung für ein gesundes, seelisches und geistiges Wachstum wie sein *Lernen, mit anderen umzugehen* und sich veränderten Situationen anzupassen. Wir nennen diesen Vorgang »Sozialisation«.

Schon das Kind ist wie der Erwachsene abhängig von seiner ihm gegebenen Natur und atmet vom ersten Lebenstag an die ihn umgebende Kultur ein. Sie wird ihm ohne Worte durch Mutter und Vater vermittelt. Im Gegensatz zum menschlichen Kind ist das Tier mit seinen Instinkten so ausgestattet, dass es mit den Bedingungen, denen es ausgesetzt ist, auch fertig werden kann. Es bleibt das Geschöpf, das sich seiner selbst nicht bewusst werden kann. Der Mensch hat schon als Säugling Wahrnehmungs- und Gefühlsantennen, die die Bedingungen und das Klima in seiner Kinderstube aufnehmen können.

Die Beschreibung des Widerspruchs in der Erziehungsaufgabe kann vielleicht manchen Leser davon abrücken lassen, im »Entweder-Oder« zu verharren. Entweder Freiheit für das Kind oder Anpassung, entweder wachsen lassen oder führen. Das kleine Wort »und« zwischen den widersprüchlichen Erziehungsweisen kann die nicht ausbleibenden gedanklichen Kämpfe zwischen den verschiedenen Erziehungsauffassungen vielleicht an fruchtbarer Stelle verringern helfen.

Ich will hinzufügen, dass ich dem biologischen Verständnis des kindlichen Entwicklungsweges, das die so lesenswerte und engagierte Alice Miller[18] vertritt, nicht zustimmen kann. Mir scheint

153

es eine gefährliche Illusion zu sein, dem Kind jegliche Konflikte ersparen zu können. Konflikte kommen nicht nur von außen. Die etwa häufig zu beobachtenden Kinderängste, die Mutter verloren zu haben, wenn sie nicht sichtbar oder greifbar ist, stellen sich zu jener Zeit seiner geistigen Entwicklung ein, in der ein magisches Weltverständnis vorliegt. Die hirnphysiologisch mit vorgegebene Denkentwicklung wird sich nicht ändern lassen, das heißt spürbare Ängste werden dem Kind nicht erspart werden können. Das Wesen der Erziehung, so steht bei Sigurd Hebenstreit[19] geschrieben, läge darin, dass Erziehung immer beide gegensätzlichen Fähigkeiten zugleich umfasst: »Das Ausblenden des einen [der Anpassung, der Zukunft, des Führens, der Sozialisation ...] wäre naiv, das Ausbleiben der anderen [der Freiheit, der Gegenwart, des Wachsenlassens, der Natur ...] wäre unpädagogisch ... Erziehung hat mit Normen und Werten zu tun, aber dies ist nur eine Seite. Die andere Seite lautet: Erziehung hat damit zu tun, dass Kinder Kinder sein können.« Wer diesen nicht aufhebbaren Widerspruch der Erziehungsaufgabe erkennt, wird vor dem »faulen« Kompromiss bewahrt bleiben: Sonntags ein bisschen Freiheit und an den Wochentagen desto mehr Strenge und Auflagen.
Hier will ich noch einmal ein konkretes Beispiel einfügen. Das vierjährige Einzelkind Anne weigert sich nach sechs Tagen Kindergartenbesuch, weiter dort hinzugehen. Mit einer überzeugenden Stimme sagt sie mir: »Da gehe ich nicht mehr hin.« »Du weißt sicher, warum du nicht mehr in den Kindergarten gehen möchtest. Deine Stimme klingt klar und bestimmt.« »Da ist alles anders als zu Hause. Da kann ich gar nicht bestimmen, was die anderen Kinder tun sollen.« Ihre Eltern kommen mit der Frage, ob sie auch »an dieser Stelle« das Kind selbst entscheiden lassen sollen. Beide Eltern waren sich darüber einig, ihm eine unbeschwerte Kindheit zu schenken. Darum ließen sie es weitgehend selbst bestimmen und verhielten sich seinem Tun gegenüber zurückhaltend. Sie konnten sich kaum entschließen, auch eigene

Impulse für das gemeinsame Leben mit der Tochter anzumelden. »Die Anforderungen der Gesellschaft kommen früh genug. Was verlangt man nicht alles heute schon vom Schulanfänger!« Vater und Mutter schauen ihrer Tochter häufig bei ihren fantasievollen Spielen zu. Sie wundern sich ein wenig, dass sie gern mit der Großmutter, die im gleichen Haus wohnt, spielt, obwohl diese sich eher vom Kind vereinnehmen lässt. Anne diktiere ziemlich eindeutig, was sie zu essen oder mitgebracht haben wolle.

Der Leser wird sicher zustimmen können, dass sich Mutter und Vater von Anne wie Zuschauer verhalten. Sie nennen ihr Erziehungsverhalten »liberal«. Mit anderen Augen betrachtet haben sie das Kind empfindlich allein gelassen. Sie haben ihm eine Scheinwelt vorgemacht und mit dem Argument, dass das Leben früh genug hart an sie herantreten wird, die Chance verpasst, dass Anne schon jetzt im wirklichen Leben Erfahrungen sammeln und auch Konflikte erleben kann, die sie mit elterlicher Hilfe verarbeiten könnte. Auch kleinen Kindern können Konflikte nicht erspart bleiben. Die Großmutter, als einzige »Außenwelt« erlebt, hat sich vermutlich kompensierend zum Verhalten von Tochter und Schwiegersohn aktiv um das Kind bemüht und sich nicht gedemütigt erlebt, von der kleinen Tochter vereinnahmt zu werden.

Die bisherige Welterfahrung heißt für Anne, ich kann allein bestimmen. Wer wollte eine solche Erfahrung bereits nach sechs Tagen Kindergarten aufgeben? Anne hat den Schritt in eine neue Reifestufe nicht auf sich nehmen können. Sie konnte nicht mit Kindern umgehen, die auch bestimmen wollen. Man könnte deuten, dass Anne die neuen Mitspieler im Kindergarten wie ihre Eltern eingestuft und so etwas wie eine »größere Familie« erwartet hat. Sie hat die Unterschiede zwischen zwei Generationen, zwischen Jung und Alt, nicht ausreichend kennen gelernt. Fast könnte man es als eine Lebensaufgabe kennzeichnen, das Zusammenleben von zwei oder drei Generationen zu erlernen.

Anne geht nach zwei Wochen wieder in den Kindergarten. Den Eltern habe ich empfohlen, den erneuten Versuch erst dann zu unternehmen, wenn sie selbst sicher sind, dass er für ihr Kind gut ist. Die einfühlsame Leiterin, die nicht »böse« war, wie die Eltern es erwarteten, begrüßte das Kind mit etwa folgenden Sätzen: »Schön, dass du wiederkommst. Ich weiß, Kinder ohne Geschwister haben es nicht leicht, mit fremden Kindern auszukommen. Willst du mit einer kurzen Woche beginnen? Nicht mit fünf Tagen, sondern nur mit drei Tagen?« In diesen wenigen Sätzen greifen die beiden Erziehungsformen, Selbstbestimmung und Anpassung, in geglückter Weise ineinander. Diese Sätze sind nicht in erster Linie Folge einer Sprachfähigkeit, sondern eine Folge der inneren Haltung einem kleinen Kind gegenüber.

Nach meiner Erfahrung ist das Konzept einer allein gültigen Subjektivität des Kindes noch immer häufig anzutreffen. Eine lebensvorbereitende Erziehung wird damit ausgeschlossen, weil es die soziale Entwicklung, einen einigermaßen realitätsgerechten Austausch des Kindes mit seiner Umwelt und ihren Menschen ausschließt. Das Kind erlebt, die Umgebung steht mir zur Verfügung. Damit kann die Beziehungsfähigkeit des Menschen vereitelt werden.

Nach diesem Beispiel kommen wir zur dritten und letzten Frage: *Welche persönlichen Erziehungsziele haben Eltern heute?*
Eltern wollen, dass ihre Kinder glücklich sind. Sie möchten, dass sie selbständig werden und viel Erfolg haben. Sie möchten, dass sie ihren Egoismus aufgeben und auch für andere Menschen, zunächst einmal für ihre Familie, sorgen und Schwächeren helfen lernen. Sie wünschen sich, dass ihre Kinder sich durchsetzen und auch lieben lernen werden. Dass sie sich nicht unterkriegen lassen, wenn etwas schief geht. Natürlich wünschen sich Eltern auch, dass ihre Kinder gesund und von schlimmen Erkrankungen verschont bleiben. An Antworten besteht kein Mangel.

Die elterlichen Zielsetzungen hängen mit der eigenen Lebensgeschichte, dem eigenen Lebensgefühl und auch mit der Einstellung gegenüber Kindern zusammen. Als in einer Elterngruppe ein Vater einmal vorschlug, sich untereinander auch darüber auszutauschen, was die Einzelnen sich *nicht* für ihre Kinder wünschen, blieb es zunächst stumm in der Runde. Es gelang uns damals, gemeinsam herauszufinden, dass Antworten, fingen sie mit den Worten an: »Auf keinen Fall will ich, dass mein Kind ...«, die Eltern als egoistisch entlarvt hätten. Wir empfanden es als völlig in Ordnung, dass der Mensch sich nicht gern bloßgestellt, sozusagen ertappt fühlt. Der eine und andere Teilnehmer nahm den Entschluss mit nach Hause, über diese gefühlsmäßige Abwehr gegen das Bloßgestelltwerden auch bei seinem Kind nachzudenken.

Hier geht es um die vielen positiven Zielsetzungen, mit denen sich sicherlich viele Leser identifizieren können. Man wird sich mit gutem Gewissen mit jedem der Ziele einverstanden fühlen. Wie anders könnte der immer wieder gebrauchte Satz zustande kommen: »Wir meinen es doch nur gut mit unserem Kind.« Dieses Gut-Meinen kann keinem Erwachsenen abgesprochen werden. Es reicht jedoch heute und auch im Hinblick auf die uns noch unbekannte Zukunft nicht mehr aus, zumal gleiche Ziele sehr unterschiedliche Auslegungen ermöglichen. Wir tun uns daher keinen Dienst, uns nur an wünschenswerte Ziele zu klammern. Sie sind der kleinere Anteil am konkreten Erziehungsverhalten.

Wir brauchen andere Fragen, die uns weiterhelfen können. Wir werden mit anderen Augen auch den Erziehungsvorgang sehen lernen müssen. Es sind Fragen, die nicht das persönliche Ziel des Erziehenden betreffen, sondern ihn selbst als erziehende Person, zum Beispiel: Welche Einzelschritte muss ich konkret unternehmen, um meinem angestrebten Ziel möglichst nahe zu kommen? Wie viel Zeit und Geduld muss ich einsetzen? An welchen Stellen muss ich aushalten lernen und auf das »Machen« verzichten? Versteht mich mein Kind in dem von mir gemeinten Sinn – und wie kann ich das herausbekommen? Zum Abschluss dieses Kapitels werden noch weitere Fragen genannt, die zum Nachdenken anregen sollen. Sie möchten dazu beitragen, sich nicht nur mit dem »Zögling«, sondern auch mit seiner eigenen Person als Erziehendem zu befassen.

Erziehung geht nicht zwischen zwei Köpfen vor sich, sondern zwischen den Herzen von Eltern und Kindern. Das Erziehende ist immer etwas Persönliches. Es geht dabei stets um einmalige Menschen in einmaligen Lebenssituationen und Zeitverhältnissen. Wir betonen daher heute zu Recht die menschlich-persönliche Beziehung als das Wesentliche, das Umfassende, in das die Erziehungsaufgaben eingebettet sind.

Von dieser Betrachtung her wird verständlich, was als Qualität, als Gütezeichen von Erziehung bezeichnet werden kann. Sie besteht aus der bewussten Zuwendung des Erwachsenen zum Kind, aus dem Sich-Zulassen in seiner einmaligen Person bei gleichzeitiger Einfühlung in das einmalige Kind in seiner jeweiligen Entwicklungsstufe. Was hier vielleicht ein wenig schwerfällig ausgedrückt ist, wird Ihnen sofort zugänglich, wenn Sie sich eine Stunde Zeit nehmen, um mit Ihrem Kind bewusst zu spielen oder einen Spaziergang zu machen.

Die Bilanz aus meinen langjährigen therapeutischen Erfahrungen mit Kindern und Erwachsenen lässt sich in drei Kernsätzen zusammenfassen:

❏ Kinder, auch Problemkinder, haben ein elementares Bedürfnis nach Zugehörigkeit zu Mutter und Vater. Ich erinnere an einen Dreijährigen, der auf dem Schoß seiner Mutter nach einem Trotzanfall mit beiden Händen auf sie einschlug und dabei mit lauter Stimme rief: Hab mich lieb! Hab mich lieb!

❏ Erwachsene, die ihre Kinder weitgehend aus ihrem Lebensalltag verdrängen, betrügen sich um das Geschenk, das das Kind in seiner noch unbeschwerten Lebensfreude zu geben hat. Es offenbart das Menschliche am Menschen, es möchte geliebt werden und sich anderen anvertrauen dürfen.

❏ Es gibt in den Beziehungen zwischen Eltern und Kindern auch tragische Zusammenstöße und nicht aufzulösende Entfremdungen, weil auch in persönlichen Beziehungen Schmerzen und Leid nicht ausbleiben können.

Und nun kommt vielleicht für manche Leser eine Enttäuschung auf sie zu, wenn sie erfahren, daß es keinen ultimativen Experten und kein unfehlbares Nachschlagebuch gibt, um pädagogische Einzelschritte zu erfahren beziehungsweise nachzulesen. Erziehung ist immer ein Risiko. Ihr Ergebnis lässt sich weder voraussagen noch berechnen. Psychologische Berater sind bekannt dafür, dass sie keine konkreten Erfolg garantierende Anweisungen geben. Sie tun das nicht, um ihr Wissen zu verheimlichen. Sie tun das, weil sie dieses Wissen nicht haben. Keine Wissenschaft, auch nicht die Psychologie oder Tiefenpsychologie, kann unsichtbare zwischenmenschliche Beziehungen im Detail entwirren oder erfolgreiche Schritte fest zusagen. Wer auf Effekt und Hinweise von außen angewiesen ist, wird unter Umständen die Psychologie in Bausch und Bogen verwerfen. Wir werden ertragen lernen müssen, dass Wissenschaften überfordert sind, wenn wir ihnen in Bezug auf menschliche Lebensprobleme Garantien abverlangen. Erziehen und Erzogenwerden gehören zu Grundsituationen des Menschen. Sie sind etwas anderes als Psychologie. Nichtsdestoweniger kann Psychologie hilfreich werden, jedoch Hilfe nicht »machen«. Wenn Eltern und Berater sich in ihren verschiedenen Ausgangspunkten respektieren lernen, ist es realistisch, dass im gemeinsamen Suchen konstruktive pädagogische Schritte sichtbar werden.

Die »10 Gebote der Kindererziehung«, die im Rahmen einer Sendung des Bayerischen Rundfunks im März 1996 ausgestrahlt wurden, habe ich bereits erwähnt. Auch diese Gebote sind nicht als Garantien für die Lösung von Erziehungsproblemen aufzufassen. Es sind vielmehr brauchbare Maßstäbe, die vielen Eltern hilfreich sein können.

Abschließend noch einige Fragen zum Nachdenken:

❑ Was schätzen Sie an Ihrem Kind? Wissen Sie, warum es Ihnen gefällt?

❑ Was macht Ihnen an Ihrem Kind zu schaffen? Haben Sie Vermutungen, warum Sie manche Eigenarten nicht mögen?

❑ Wie viel Zeit haben Sie in dieser Woche gemeinsam mit Ihrem Kind verbracht?

❑ Können Sie mit Ihrem Kind spielen und sich dabei auch von ihm leiten lassen?

❑ Wann haben Sie Ihr Kind aus welchem Anlass gelobt? Erinnern Sie sich noch, wie Sie zu ihm gesprochen haben?

❑ Aus welchem Anlass haben Sie Ihr Kind getadelt? Können Sie sich an Ihre Worte erinnern?

❑ Wie oft sprechen Sie mit Ihrer Frau, Ihrem Mann oder Ihrem Partner über das Kind? Kommt es zu einer Verständigung oder eher zum Streit?

❑ Wie sähe Ihr Leben ohne Ihr Kind aus? Mit wem können Sie darüber sprechen?

❑ Wie oft können Sie sich aneinander freuen? Wie drücken Sie Ihre Freude aus?

❑ Wie oft können Sie mit Ihrem Kind heiter sein, mit ihm lachen? Haben Sie bemerkt, dass das Ihrem Kind und Ihnen gut tut?

Zum Kindergarten heute

*D*ieser abschließende Beitrag möchte zum Nachdenken über die Frage anregen, was der zugesicherte Rechtsanspruch auf einen Kindergartenplatz den Hauptbetroffenen, nämlich den Kindern, an individueller Förderung bringt. Wie die Überschrift schon andeutet, geht es im weiten Spektrum von Kinderbetreuungsmöglichkeiten hier konkret um den Kindergarten und damit um drei- bis sechsjährige Kinder, ihre Eltern und ihre Erzieherinnen (männliche Erzieher sollen hier nicht vergessen werden, da Frauen in diesem Berufsfeld aber nach wie vor deutlich überwiegen, spreche ich auch im Folgenden von »Erzieherinnen«).

Wenn man die öffentlichen Diskussionen über die erweiterten Öffnungszeiten von Kindergärten, über die unsicher gewordenen Verfügungszeiten der Erzieherinnen und die Mitarbeit von Müttern verfolgt, geht es auf der Seite der Politiker vor allem um die Einhaltung ihrer Zusage an die Wähler und den Erzieherinnen auf der anderen Seite um die Anerkennung ihrer pädagogischen Aufgaben und ihre entsprechende Absicherung. Natürlich verkürze ich damit die komplexe Problematik. Es kann jedoch nicht übersehen werden, dass die politische Situation, unter anderem der Hinweis auf gesetzgeberische Maßnahmen, zu einer unguten Atmosphäre geführt hat und damit genau zum Gegenteil eines pädagogischen Klimas, dessen Kinder und ihre erziehenden Erwachsenen bedürfen.

Bei politischen Entscheidungen haben erfahrungsgemäß wirtschaftliche Belange den Vorrang. Wird sich diese Tradition verändern lassen? Wer tritt für die Aufwertung von kleinen Kindern ein, das heißt für mehr Mittel für diese noch immer viel zu wenig beachtete Altersgruppe? Werden ihre Belange in Zukunft auch in politischen Gremien diskutiert? Spielen sie keine Rolle mehr, wenn erst die Würfel gefallen sind? Wer wird ihre Belange formulieren? Werden es Mütter anhand ihrer Lebenserfahrung mit Kindern sein? Werden es Pädagogen mit Berufserfahrung sein? Es scheint dringend geboten, Pädagogik als Praxis und als Erfahrungsreflexion wieder neu zu bewerten, und nicht erst in der Altersstufe, in der Jugendliche Probleme machen. Zu Unrecht wird der Pädagogik oft nur ein zweiter Platz hinter den angewachsenen psychologischen Erkenntnissen zuerkannt.

Nimmt die Politik die Frage ernst, wie sich die heute immer früher zu beobachtenden kindlichen Störungen verstehen lassen? Statistisch lässt sich nachweisen, dass viele unserer Schulanfänger auffällig, unkonzentriert und unruhig sind und daher den neuen Anforderungen kaum gewachsen. Die Frage bleibt offen, ob wir den betroffenen Kindern einen Dienst erweisen, wenn wir sie in jungen Jahren Einzelmaßnahmen zuführen. Spezialisierung ist gerade bei kleinen Kindern nicht ohne Schattenseiten. Mir sind Kinder von Alleinerziehenden bekannt, die durch ihren langen Kindergartenalltag fünf pädagogische Bezugspersonen täglich und wöchentlich drei Experten verarbeiten müssen. Welche Rolle spielt hier die Mutter in einer Runde von insgesamt neun Personen? Spielt sie die erste oder die letzte Rolle? Kein Kind wird uns darüber Auskunft geben können. Reicht es aus, wenn wir bei frühen Störungen auf die gesellschaftlichen Rahmenbedingungen hinweisen? Ein »Rahmen« weist auf Äußeres hin. Können wir es uns leisten, seine inneren Vorbedingungen nicht beim Namen zu nennen?

Nun – kein Leser wird erwarten, dass ein Einzelner diese Fragen beantworten kann. Daran ist auch hier nicht gedacht. Sie möchten vielmehr als Anregungen und als Verständnisbrücken zur Auflösung der eingetretenen Spannungen zwischen Politikern und Pädagogen verstanden werden. So wie in Bayern der »offene Kindergarten« favorisiert wird, so appelliere ich an alle Beteiligten für ein Offenwerden den anstehenden Fragen gegenüber. Es ist nicht nur die Elterngeneration, die zu verantworten hat, was sie ihren Kindern weitergeben will. Auch die Generation der Regierungsverantwortlichen ist gefordert, Erziehungsfragen ernst zu nehmen. Ich kann bis heute nicht verstehen, dass dem Bereich »Erziehung und Bildung« nicht einer der größten Töpfe an Geldmitteln zuerkannt wird.

Im Erziehungsfeld können Spannungen nicht ausbleiben. Diese auszutauschen, kann zu demokratisch legitimierten Kompromissen führen. Wäre es denkbar, dass wir in der Öffentlichkeit und auch in kleinen, überschaubaren Gruppen die individuellen, die institutionellen und die politischen Vorstellungen über Pädagogik austauschen? Solche Fachdiskussionen setzen die innere Bereitwilligkeit aller Beteiligten voraus, sich die jeweiligen anderen Positionen anzuhören. Zuhören kann man lernen, jedoch wohl nur dann, wenn man sich in dieser Kunst ausreichend übt.

Eltern und Erzieherinnen haben unterschiedliche, teilweise widersprüchliche pädagogische Meinungen. Das kann auch gar nicht anders sein. Wenn etwa Eltern für die persönliche Förderung ihres Kindes eintreten, so ergibt sich dieser Wunsch unter anderem aus ihrer familiären Ausgangslage. Sie haben oft nur dieses eine Kind. Wenn Erzieherinnen angesichts ihrer Gruppen von etwa 25 Kindern nicht zusichern können, dem einzelnen Kind täglich gerecht zu werden, so kommen damit die Grenzen ihrer vorwiegend gruppenpädagogischen Arbeit ans Licht. Es wäre nun genau das Gegenteil von guter Zusammenarbeit zwischen Erzieherinnen und Eltern, sich deshalb gegenseitig anzuklagen oder gar von »richtiger« oder »falscher« Erziehung zu sprechen. Erst wenn widersprüchliche Meinungen wahrgenommen werden, können sich konstruktive Veränderungen ergeben. Ich erinnere mich an einen Elternabend zu diesem Thema, an dem sich spontan eine Mutter, von Beruf Werklehrerin, anbot, im 14-tägigen Rhythmus fünf bis sechs Kinder an einem Vormittag beim Malen zu betreuen. Sie hat diese Mitarbeit zwei Jahre lang durchgehalten. Es schreibt sich natürlich leicht, dass unvermeidbare Widersprüche wahrgenommen werden sollten, damit eine konstruktive Zusammenarbeit möglich werden kann. Darum muss hier sogleich hinzugefügt werden, es gehört zu den besonders schwierigen menschlichen Leistungen, von eingefahrenen Denkgewohnheiten Abschied zu nehmen. Das bedeutet hier, die für »richtig« gehaltenen Erziehungskonzepte selbstkritisch und neu zu betrachten. Was heute über zukünftige Aufgaben für Erzieherinnen zu lesen beziehungsweise zu hören ist, verkennt in meinem Verständnis die emotionalen Sperren zwischen individueller und institutioneller Erziehung und geht über das vorliegende Berufsbild der Erzieherin hinaus. Es wird sehr behutsam entschieden werden müssen, welche Form der Elternarbeit jungen Erzieherinnen zuzumuten ist.

Wie kommt es nun zu den unterschiedlichen Meinungen von Eltern und Erzieherinnen – ganz abgesehen davon, dass wie erwähnt Eltern meist nur ein oder zwei Kinder zu erziehen haben, Erzieherinnen jedoch täglich mit 25 und mehr Kindern konfrontiert sind? Eine Frau, die ein Kind geboren hat, beruft sich auf ihre Mutterschaft und fühlt sich durch diese für ihre Erziehungsweise legitimiert. Sie bespricht sich innerhalb ihrer Familie oder auch mit Freunden, was in der Erziehung wichtig ist. Die Erzieherin muss einen fünfjährigen Bildungsweg durchlaufen und erhält an seinem Ende ein Zertifikat, das sie befähigt, die Erziehungsprinzipien und Wertmaßstäbe der jeweiligen Ausbildungsstätte in ihr Berufsleben einzubringen. Sie hat sich damit in Bezug auf Erziehungsvorstellungen von ihrer Familie gelöst. Sie ist Mitglied einer gesellschaftlichen Berufsgruppe geworden. Familie und Ausbildungsstätte gehen somit von sehr verschiedenen Orientierungen aus und genau damit sind Spannungen und Widersprüche vorprogrammiert.

Wenn es gut gehen soll, müssen beide Seiten, Eltern und Erzieherinnen, lernen, sich gegenseitig gelten zu lassen, ohne zu beanspruchen, jeweils in den anderen Bereich unmittelbar hineinzuwirken. Lassen Sie mich an einem kleinen Beispiel veranschaulichen, wie dies zu verstehen ist. Ein sechsjähriges Mädchen macht unerwartet im Kindergarten in die Hose. Die aufgesuchte Toilette kann es nicht benutzen, weil ein anderes Kind von innen die Tür versperrt hat. Der Erzieherin sind solche unglücklichen Situationen natürlich nicht unbekannt. Sie versorgt das Kind mit einer trockenen Hose und tröstet es über die vergossenen Tränen hinweg. Als die Mutter beim Abholen davon erfährt, reagiert diese sehr erregt und macht die Tochter vor der Kindergruppe zum »Baby«, da sie trotz ihres Alters wohl noch immer eine Windel brauche. Vielleicht war diese Frau in ihrer Mutterehre gekränkt? Vielleicht hat sie das Pech ihres Kindes als eigenes Erziehungsversagen erlebt? Was auch immer ihre Motive für das sehr erregte Verhalten gewesen sein mögen, es steht völlig im Gegensatz zum Verhalten der professionellen Erzieherin. Es wäre unsensibel, aus diesem kleinen Vorfall den Schluss zu ziehen, darüber würde das Kind schon hinwegkommen. Wir würden es uns zu leicht machen, wenn wir nur die eigene Deutung gelten lassen würden. Die unterschiedlichen Reaktionen von Mutter und »Ersatzmutter« kann jedes Kind nur auf seine Weise verarbeiten. Wichtig ist hier vor allem, auf unvorhergesehene Nöte von Kindern hinzuweisen, wenn sie sehr ungleiche Reaktionen erleben. Die leibliche Mutter ist in diesem Beispiel keine »böse Mutter«. Sie reagiert nur von einer ganz anderen Beziehungsgeschichte zu ihrem Kind her als die Erzieherin.

In Bezug auf die Regelgruppe mit 25 Kindern soll hier eine Anmerkung erfolgen. Diese hohe Zahl ist aus pädagogischen Gründen nicht zu vertreten. Kleine Kinder kommen gewissermaßen »frontal« auf ihre Erzieherin zu, mit Körper und Seele, mit Affekten und Widersprüchen, mit Schmeicheln, Drängeln und unvorhersehbaren Einfällen. Daher läßt es sich gar nicht vermeiden, dass die Erzieherin immer wieder einmal an die Grenzen ihrer Einflussnahme gerät, dass sie Hilflosigkeit und Ärger erlebt und innerlich zum »Aushalten« gedrängt ist. Es ist gut, wenn Erzieherinnen hier auf ihre »inneren Stimmen« hören können!

Ich trete für eine Gruppengröße von maximal 20 Kindern ein, da es unumgänglich ist, den persönlichen Kontakt zwischen Erzieherin und dem einzelnen Kind zu intensivieren. In einer Auflistung des Personalbedarfs für bayerische vorschulische Einrichtungen ist bereits im *Schulreport* Nr. 3 von 1971 festgehalten, dass die Gruppengröße bis 1988 auf 20 Kinder verringert werden kann. Warum ist es in den »satten« Zeiten nicht zu dieser Reduzierung gekommen?

Um die erhebliche emotionale Belastung von Erwachsenen mit kleinen Kindern zu verdeutlichen, sei hier noch eine fachliche Information angefügt. Es geht in den ersten Jahren des einzelnen Menschen um die Sozialisierung seiner Affekte, um das Hineinführen des Kindes in eine Gruppe, in der das noch affektiv und daher egozentrisch reagierende Kind lernen kann, sich als Teil der Gruppe anzunehmen und sich möglichst auch wohl zu fühlen. Der Mensch wird nicht mit »gezähmten« Affekten geboren. Affekte sind immer auch von körperlichen und biochemischen Vorgängen beeinflusst. Sie müssen also auch als physiologische Prozesse verstanden werden. Natürlich haben Affekte andererseits aber auch ihre subjektiven, ihre persönlichen Anteile. Wir *fühlen* unsere Ängste, unseren Ärger und auch unsere Freude und unsere Begeisterung. Wer glaubte im Ernst, auf die physiologischen Anteile von Affekten einwirken zu können? Aus gutem Grund sind daher »Aushalten« und »Durchhalten« als pädagogische Tugenden zu bezeichnen.

Die anstehende Verpflichtung zu ausreichenden Kindergartenplätzen und die immer wieder betonten Förderungs- und Aktivitätsangebote für Kinder lassen in Vergessenheit geraten, dass Erziehung nur in persönlichen Beziehungen gelingen kann. Kinder müssen spüren können, dass sie als *Person* gemeint sind. Sie brauchen überschaubare Einheiten auch im Gruppenleben, wenn sich ihre sozialen Fähigkeiten entwickeln sollen. Der Kern eines neu zu gestaltenden Kindergartens muss ein pädagogischer bleiben, wenn wir nicht hineingeraten wollen in Förder- und Geselligkeitsinstitutionen. Es reicht nicht aus, Erziehung allein unter Aktivitäten und Erkundungsräumen zu betrachten. Der Mensch ist ein handelndes und sprechendes Lebewesen. Wir versäumen wesentliche Hilfen für die persönliche Entwicklung von Kindern, wenn keine Zeit bleibt, dass sie mit Erwachsenen sprechen können. Die Sprache, in der ein Kind angesprochen wird und die Sprache, die das Kind sprechen lernt, erweitert sein Weltverständnis und ist daher eine zutiefst pädagogische Angelegenheit. Der Rechtsanspruch auf einen Kindergartenplatz kann zur formalen Pflichterfüllung werden, wenn wir nicht lernen, Kindheit als eigenständige Lebensstufe zu respektieren. Diese Lernaufgabe ist uns noch nicht gelungen. Sigmund Freud hat in einem kurzen Satz zusammengefasst, worauf hier aufmerksam gemacht werden möchte: »Das Kind ist der Vater des Mannes.« Pädagogisch übersetzt heißt dieser Satz: Nehmt kleine Kinder ernst. Sie brauchen eure schützende Begleitung. Sie müssen die Welt auf ihre Weise entdecken dürfen. Kinder erleben täglich Neues und brauchen viel Zeit, um sich in der immer komplizierter werdenden Welt zurechtzufinden. Sie brauchen Zutrauen in ihre eigenen Kräfte und dieses Zutrauen zu sich selbst kann nur durch eure Anregungen, eure Geduld, euer Vertrauen und eure Grenzen gesichert werden. Das wachsende Selbstvertrauen ist für Kinder das Fundament für ihr Leben als Erwachsene.

Nach meiner Beobachtung fällt es vor allem Männern schwer,

sich in kleine Kinder einzufühlen. Politik wird vorwiegend von Männern gemacht. Könnte es vielleicht einen Zusammenhang geben zwischen männlicher Betrachtung von Kindern und der geringen Bewertung der frühen Lebensstufe einschließlich ihrer Erzieherinnen? Wie ist es möglich, dass die Wertigkeit von pädagogischen Berufen mit dem Lebensalter der Kinder wächst? Wie diese Bewertung von Erzieher, Lehrer und Studienrat ausfällt, ist unverkennbar an ihrer jeweiligen finanziellen Einstufung abzulesen. Dass Männer nur selten als Erzieher im Kindergarten zu finden sind, liegt nicht nur, wie ich meine, an der vergleichsweise schlechten Bezahlung. Ich vermute, dass die Art von Hilflosigkeit, das Aushaltenmüssen von kindlichen Ungereimtheiten und das Ausbleiben von sichtbaren Erfolgen sich in männlichen Herzen schwer ansiedeln lässt. Damit ist keine Bewertung verbunden, sondern lediglich ein Unterschied zwischen Mann und Frau benannt. Die bis heute nicht gelungene Anerkennung der Gleichwertigkeit von Mann und Frau ist ein Thema, das sich durch die Jahrhunderte zieht. Die Anerkennung von Kindern lässt sich von dieser Frage nicht trennen.

Mir ist jedesmal wohl ums Herz, wenn ich beobachte, wie selbstverständlich Väter ihren kleinen Kindern schützend und beruhigend beistehen, wenn ihnen ein Missgeschick passiert. Dass ihre Frauen ebenso selbstverständlich ihnen diese Aufgaben überlassen, lässt mich hoffen, dass es manchem Kind gelingen wird, die Gleichwertigkeit von Mann und Frau zumindest im Familienbereich voranzutreiben.

Kennt die Erzieherin über ihre Gruppenkinder hinaus ihr eigenes »inneres Kind«? Mit diesem »inneren Kind« sind die frühen emotionalen Lebenserfahrungen gemeint, die eine erste Grundlage beim Kennenlernen dieser Welt bedeuten und auch dann ihren Einfluss haben, wenn sie längst dem Bewusstsein verloren gegangen sind. Im pädagogischen Umgang wird dieses »innere

Kind« der Erzieherin häufig herausgefordert. Es begegnen sich gleichsam zwei »Kinder«. Das sichtbare Kind ist etwa zornig und geht auf andere Kinder los, das unsichtbare »innere Kind« der Erzieherin wird erregt und ärgerlich. »Ich werde immer so schnell wütend, obwohl ich es gar nicht will. Meine laute Stimme kann mich dann richtig erschrecken.« Mit diesem Satz hat eine Erzieherin ihr »inneres Kind« freigegeben. Und genau darauf möchte ich aufmerksam machen. Zu der notwendigen Reform der Erzieherausbildung sollte gehören, Erzieherinnen die Möglichkeit zu geben, auch mit ihrem inneren Kind bekannt zu werden. Ich denke dabei an Supervisionsgespräche, die – soweit ich informiert bin – während der Ausbildung Erziehern und Erzieherinnen im Gegensatz zu Sozialpädagogen bisher vorenthalten werden. Wer täglich 25 Kinder und 15 bis 20 Mütter innerlich erreichen soll, braucht auch für das eigene Herz Zufuhr und Stärkung.

Ob es wohl möglich sein könnte, eine solche persönliche Entlastung an den Rechtsanspruch auf den Kindergartenplatz zu koppeln?

Nachwort: Ein Brief an Chiara-Franziska

*I*n diesem Nachwort gehe ich auf meine persönliche Beziehung zu einem kleinen Kind ein. Seine Mutter hat mir das Einverständnis für dieses Vorhaben gegeben. Dieses Kind hat wie viele andere Kinder sein Leben ohne gesicherte Ehe oder Partnerschaft zwischen seiner Mutter und seinem Vater begonnen.

Mit dem folgenden Brief möchte ich über das angesprochene Kind hinaus auf unsere veränderten Familienformen hinweisen. Viele Kinder wachsen allein bei der Mutter beziehungsweise beim Vater auf. Schon vor Schulbeginn erleben Kinder die Trennung zwischen ihren Eltern, andere bekommen einen zweiten Vater beziehungsweise eine zweite Mutter und Halbgeschwister. Dennoch sind auch diese Kinder nicht davor geschützt, dass nun die neue Verbindung zwischen den Erwachsenen eine »für alle Zeiten« bestehende Beziehung bleibt.

Kinder leben heute zu einem großen Teil in ungesicherten Beziehungen. Sie entbehren damit gewissermaßen die »Grundnahrungsmittel« für ihr persönliches Selbstwertgefühl, das sich in einer stetigen Zuwendung durch Mutter und Vater sowie in der für sie erlebbaren Anerkennung ihrer frühen Reifestufen entfalten kann. Der Kindergarten als Institution kann diese Seelennahrung nur begrenzt nachliefern. Wir brauchen neue soziale Umgangsweisen im Miteinander. Diese werden darüber entscheiden, ob wir uns zu einer kinderfreundlichen Gesellschaft entwickeln können. Jeder Leser ist aufgefordert, für sich die Frage zu beantworten, ob und auf welche Weise er zu einer solchen kinderfreundlichen Gesellschaft beitragen will.

Liebe Chiara-Franziska!

Diesen Brief wirst du wohl mit zehn Jahren verstehen können. Ich bin gerade dabei, meine Gedanken für dieses Buch zu ordnen. Dabei fällt mir ein, ich werde es dir widmen und mit diesem Brief an dich abschließen. Dann erfahren die Leser etwas von dir als Säugling.

Du wurdest vor wenigen Monaten geboren und damit bist du das jüngste Kind in meinem Verwandten- und Freundeskreis. Wenn ich dich ansehe, wird mein altes Herz ganz warm. Wie lange ich deinen Lebensweg begleiten kann, lässt sich nicht voraussehen. Darum will ich dir erzählen, wie ich dich in deinen ersten Lebensmonaten erlebt habe.

Du warst drei Tage alt, als ich dich zum ersten Mal sah. Mit guten acht Pfund und einer Länge von 55 cm bist du auf die Welt gekommen. Vom Geborenwerden war dir kaum noch etwas anzusehen. Deine großen blaubraunen Augen sind mir als Erstes aufgefallen. Und dann musste ich denken, du bist eine kleine Person, die es lernen wird, sich in dieser bunten Welt zurechtzufinden.

Du trinkst eifrig an der Brust deiner Mutter. Weil du deinen Hunger mit lautem Schreien anmeldest, rötet sich dein Gesicht und sieht unzufrieden aus. Sobald das Sattwerden beginnt, nimmt die Rötung wieder ab. Du lässt dann deutlich erkennen, dass du mit der Welt einverstanden bist. Du wirst dich wie in einem Paradies fühlen, so denke ich mir, du brauchst dich nur mit lauter Stimme zu melden, schon fließt warme Milch in dich hinein. Du kannst noch gar nicht ahnen, dass diese Milch von deiner Mutter kommt. Wenn du sprechen könntest, würdest du wohl sagen: »Guckt mal, ich kann zaubern. In diese helle, schöne Welt will ich hineinwachsen.«

Du weißt gewiss, dass du im Bauch von der Mutter gewachsen bist, und da ist es dunkel. Schon in deinen ersten Tagen hast du dich mit den Augen ein wenig umgesehen und dabei deinen Kopf bewegt. Es sah aus, als wolltest du mit den Formen und Farben in deiner neuen Umgebung irgendetwas anfangen. Schon nach drei bis vier Wochen bliebst du mit deinen Augen dann deutlich länger bei einem Gegenstand oder auch bei den Gesichtern, die dich anschauten. Dein Gesicht hat dabei einen klugen und konzentrierten Ausdruck. Manchmal kommt der Hauch eines Lächelns, verschwindet wieder und macht dein kleines Gesicht unerforschlich. Ich hätte so gern gewusst, was wohl in dir vorgeht. Im dritten Lebensmonat war dein Umherschauen schon sehr anders. Du hast mit deinen großen Augen recht beharrlich in die Augen anderer Menschen blicken können. Und dann kam der große Augenblick, wo du nicht nur geschaut, sondern zurückgelächelt hast. Dieses neue, antwortende Lächeln ist ein gutes Zeichen für deine innere Entwicklung. Du bist jetzt in der Lage, eine Beziehung mit anderen aufzunehmen, auch wenn du die einzelnen Menschen noch gar nicht sicher erkennst. Du bist nun nicht mehr nur glücklich, wenn du satt, warm und geschützt bist. Du nimmst dein Gegenüber wie ein neues Glück auf dieser Erde wahr.

Von dieser Zeit an hast du dich auch von den Dingen deiner Umgebung anlocken lassen. Ein Mobile über deinem Bett mit goldfarbenen Messingglöckchen und blauen Bändern hat es dir angetan. Mit sanften Bewegungen konnten wir die Glöckchen zum Klingen bringen. Dir hat es sehr gefallen, wenn du Sehen und Hören zugleich erleben konntest.

Besonders haben dich vier bunte Enten eingenommen. Sie waren auf einer bunten Schnur aufgereiht und konnten am Bettchen, am Kinderwagen und überall da, wo du liegen mochtest, festgemacht werden. Mit deinen zarten, kleinen Fingern hast du sie befühlt und betastet. Du hast anhaltend die Holzkugeln, die die Enten in Bewegung setzen konnten, berührt. Vielleicht hast du so viel Ausdauer dabei aufgebracht, weil du mit deinen eigenen Kräften etwas bewegen, etwas bewirken konntest.

Du hast schnell gelernt, dass du am bunten Holz nicht trinken, aber lutschen kannst. Die Bewegung deiner Hand zum Mund ist dir immer wichtiger geworden. Du hast deinen Schnuller entdeckt, meine lange Halskette, wenn sie beim Anblicken vor deine Augen kam, und Hund und Katze, die es in der Wohnung deiner Großmama gibt.

Du lebst jetzt in einer Lebensstufe, an die du dich später nicht mehr zurückerinnern wirst. Ich nenne sie die Zeit, in der alles noch seinen Sinn hat. Du lässt dich von vielem Neuen anlocken. Alles, was du anfasst, hat für dich eine Bedeutung. Du bestimmst selbst, wie lange du dich mit einem neuen Ding beschäftigen möchtest.

Mit dem Einschlafen hast du es nicht leicht. Wir hören immer besser am Klang deiner Stimme heraus, wann du einschlafen möchtest. Deine Augenlider gehen zu, wieder auf, wieder zu und bleiben geschlossen, wenn wir deinen Kopf streicheln oder unsere Hand auf dein Händchen legen. Die damit verbundene Nähe zu deinem Körper lässt dich dann entspannt in den Schlaf fallen.

Im vierten Monat hast du begonnen, mit deinen Lauten im Kehlkopf zu spielen. Am häufigsten hören wir »erre« und »arre« und dazwischen oft ein helles, langes Jauchzen, das ich dir gar nicht mit Worten beschreiben kann. Ich denke mir, du hast mit Jubel einen neuen Teil in dir, nämlich deine Stimme entdeckt. So schön ist es für dich, mit deiner Stimme zu spielen. Du hast oft begierig zuhören mögen, wenn ich etwa vom Himmel, seinen Wolken und Farben erzählt habe. Und wenn ich dir den kleinen Vers »Chiara heißt du, und das weißt du« rhythmisch vorgesagt und dabei meinen Kopf nach rechts und links bewegt habe, hast auch du probiert, die gleiche Kopfbewegung nachzumachen.

Dein Doppelname Chiara-Franziska gefällt mir gut. Deine Mutter hat dir den ersten Namen Chiara ausgesucht. Es ist das italienische Wort für Klara. Ich denke, sie hat dir deshalb diesen Namen geschenkt, weil sie selbst einen italienischen Vater hat. Sie weiß bis heute nicht, wie er heißt. Darum wird sie ihn auch nicht kennen lernen können. Leider geht das vielen Kindern so, dass sie ihre Väter nicht sehen und nicht sprechen können. Dein Papa hat dir den zweiten Namen Franziska geschenkt. Er wird dir erzählen, warum er diesen Namen für dich gewählt hat.

Du wirst vielleicht an zwei verschiedenen Orten deine Eltern erleben müssen. So etwas ist für alle Kinder schwer. Auch wenn du lernst, dass du selbst damit nichts zu tun hast, wird es dir nicht erspart bleiben, immer wieder einmal unglücklich zu sein, weil dein Vater dann nicht an deiner Seite lebt. Vielleicht bekommst du einen Stiefvater. Das Wort »Stiefvater« klingt nicht schön. Ich will dir sagen, das Wort ist dabei gar nicht wichtig. Wichtig ist, dass ein erster oder auch ein zweiter Vater sein Kind lieb haben lernt.

Diesen Brief will ich mit einem Wunsch an dich abschließen, der ein ganzes Leben für dich gelten möge. Du wirst Zeit brauchen, bevor du ihn so ganz verstehen kannst. Lass dir viel Zeit dabei! Vielleicht kann dir die Mama dabei helfen. Mein Wunsch heißt: *Nimm jeden Tag die Freude ernst, und das heißt, nimm die Freude sehr wichtig.*

Wie ist dir zumute, wenn du dich freuen kannst? Tut dir das Sich-Freuen auch so gut wie allen Menschen, die ich danach gefragt habe? Die Freude kann dich fühlen lassen, wie schön es ist, lebendig zu sein. Wenn du suchst, wirst du immer wieder Neues finden, was dir Freude schenken kann. Und das wird auch den Menschen gut tun, mit denen du umgeben bist. Und du wirst immer wieder suchen müssen, weil die Freude nicht wie ein Vogel angeflogen kommt.

Ich grüße dich mit dem Namen, den mir deine Mutter und ihr früh verstorbener Bruder Florian gegeben haben, als sie noch kleine Kinder waren. Für eure Familie heiße ich schon immer

Ursula

Anmerkungen

1. Diese Information verdanke ich der Psychoanalytikerin Helga Fischer-Mambloma. In ihrem Artikel »Aggression unter ethologischer Sicht« vertritt die Autorin als Biologin und Verhaltensforscherin die These, dass wir noch heute unter den gleichen Konflikten leiden wie schon vor Jahrmillionen unsere Vorfahren. Demnach können wir gespannt sein, was ethologische Forschung über das menschliche Bindungsverhalten noch alles aufdecken wird.

2. *Mit einem Kind habe ich nicht gerechnet. Männer und Schwangerschaft* ist der Titel einer breit angelegten Studie der Psychologin Helgard Roeder, die 1994 im Verlag Antje Kunstmann erschienen ist. Ergänzend zum Text sei hier noch hinzugefügt, dass die Autorin darauf hinweist, die Anzahl der ungeplanten Schwangerschaften sei größer als die der geplanten.
   Im Herder Verlag erschien ebenfalls 1994 das Buch *Wenn Mann ein Kind bekommt. Was werdende Väter in der Schwangerschaft erleben.* Die beiden Autoren, Christian Mayer, Psychotherapeut, und Daniela Liebich, Diplom-Sozialpädagogin, vermitteln durch ihre zahlreichen, oft wörtlich wiedergegebenen Sätze einen unmittelbaren Zugang zu dem, was Männer während ihrer neun »schwangeren« Monate innerlich erleben.

3. »Darf man denn keine Illusionen haben?« Diese häufig vorgebrachte Frage zeigt an, dass es nicht leicht ist, zwischen Illusionen und Idealen zu unterscheiden. Kinder haben Illusionen, weil sie die Wirklichkeit noch nicht kennen. Der Prozess des Erwachsenwerdens wird deshalb auch als eine Des-Illusionierung, als eine Ernüchterung bezeichnet. Das lateinische Wort »illusio« bedeutet Täuschung, eitle Vorstellung und Verspottung. Wer wollte als Erwachsener sich ernsthaft dafür einsetzen? Ideale haben heißt bestimmte Werte anerkennen, ihnen innerlich nachstreben, etwa

die Kunst des Liebens zu üben. Ideale setzen im Gegensatz zu Illusionen Maßstäbe für die persönliche Lebensführung.

4. Vermutlich wird dieser Satz heute nicht mehr als zeitgemäß empfunden. Er galt 1943 als Leitsatz für eine Vorlesungsreihe von Eduard Spranger. Mich hat damals sehr beeindruckt, dass es diesem Professor gelungen war, keinen Zweifel an der Gleichwertigkeit von Mann und Frau aufkommen zu lassen. Und das war vor mehr als 50 Jahren!

5. Hier beziehe ich mich vor allem auf Paul Watzlawick, dem es für mein Empfinden ausgezeichnet gelingt, in die Kommunikationsforschung einzuführen. Dem Interessierten sei das Buch *Münchhausens Zopf oder Psychotherapie und »Wirklichkeit«* empfohlen, jedoch hinzugefügt, so leicht wie der lockere Titel lassen sich seine Ausführungen nicht lesen.

6. Schon immer haben Mütter herausgefunden, dass rhythmisches Sprechen oder auch spontan erfundene Reime das kleine Kind zum Durchhalten bei Futteraktionen verführen können: »Einen Happen für die Mama ... einen Happen für die Oma ... einen Happen für den Bären ... das Auto ...« Spielzeug braucht im kindlichen Verständnis auch zu essen. Wenn Kindern vertrautes Spielzeug genannt wird, können sie sich oft – nicht immer! – mit dem Gefüttertwerden leichter identifizieren.

7. Das Zitat stammt aus dem *Tagebuch 1946-1949* von Max Frisch. Frisch gehört wohl zu den psychologisch besonders sensiblen Dichtern. Köstlich ist von ihm zu lesen, dass er die vielen gestrickten Pullover und Strümpfe seiner Mutter zu verdanken habe, da ihr als Schulkind prophezeit wurde, sie werde »nie eine Strickerin« werden. Offensichtlich hat diese Mutter es vermocht, in gesunder Auflehnung gegen eine solche vernichtende Voraussage erfolgreich zu protestieren.

8. Diese Sätze stehen im Buch *Kinder werden Mann und Frau*, geschrieben von Dr. Hildegund Fischle-Carl 1969. Vermutlich würde die bekannte Autorin diese Sätze heute in einen größeren Zusammenhang stellen.

9. Der anthroposophische Pädagoge Ernst Kranich beschrieb die hier vertretene Auffassung von geistiger Entwicklung bereits 1969 in der Reihe *Pädagogische Projekte und ihre Folgen*.

10. Alexander S. Neill hat bei uns in den 60er- und 70er-Jahren durch sein sensationelles Buch über *Theorie und Praxis der antiautoritären Erziehung* die Gemüter leidenschaftlich begeistert oder zutiefst erschrocken. Noch heute lohnt es sich, den 1973 verstorbenen originellen und lebenszugewandten Erzieher kennen zu lernen. Dazu eignet sich bestens das Taschenbuch *Das Prinzip Summerhill: Fragen und Antworten, Erfahrungen, Ratschläge*, erschienen im Rowohlt Verlag, in dem er Antworten auf 99 Fragen seiner Leser gibt.

11. In Amerika hat man herausgefunden, dass der Mensch für zukünftige Erfolge im Leben nicht nur Köpfchen, sondern auch eine »emotionale Intelligenz« brauche. Der ehemalige Harvard-Professor Daniel Goleman fasst seine diesbezüglichen Untersuchungen in seinem gleichnamigen Buch – die deutsche Ausgabe erschien 1996 im Hanser Verlag – nach der Zeitschrift *Amica* (Februar-Heft 1996) zusammen: Klug sei, wer auf seine Gefühle höre. In Emotionen stecke eine gehörige Intelligenz. Jedes Gefühl sei gleichsam eine kleine Erkenntnis. Die Selbstwahrnehmung sei ein erster Schritt zu einer emotionalen Intelligenz. Mit diesen als »neu« bezeichneten Erkenntnissen kann sich ein psychologisches Herz schnell anfreunden. Neu jedoch ist nicht diese Erkenntnis, sondern ihre akademische Aufwertung mit dem Ziel, einen entsprechenden Quotienten zu entwickeln.

12. »Richtig erziehen – aber wie« lautete der Titel einer Sendereihe des Bayerischen Rundfunks 1996. Im ersten der Vorträge handelte es sich um »10 Gebote«, die das Ergebnis einer Langzeituntersuchung zur Frage waren, was Kinder brauchen. Sie wurden – wie immer von Prof. Dr. Peter Paulig – in anschaulicher und lebenspraktischer Weise kommentiert.

13. Im Rahmen der Begabungsforschung hat sich die Psychologie intensiv darum bemüht, möglichst die angeborene Intelligenz zu erfassen. Diese lässt sich in dem, was ein Intelligenztest misst, aufzeigen. Der englische Psychologe Charles Spearman formulierte zynisch, Intelligenz sei das, was ein Intelligenztest misst. Ohne Spott ausgedrückt: Der Intelligenztest kann spezifische Anfangsleistungen gegenüber neuen Aufgaben messen. Man spricht deshalb auch von einer »Test-Intelligenz«. Diese wenigen Sätze wer-

den jedoch andeuten können, dass ein ermittelter Quotient keine gesicherten Voraussagen für die Schulfähigkeit machen kann. Auch der Forscher kommt nicht darum herum, Intelligenz als etwas Dynamisches zu verstehen, das heißt als eine Größe, die immer auch im Zusammenhang mit Anregungen beziehungsweise Kritik von außen gesehen werden muss.

14. Schulprobleme gehen Schüler, Eltern, Lehrer und in besonderen Fällen auch Berater an. Eine Zusammenarbeit aller Beteiligten kann fruchtbar werden, wenn sie *gemeinsam* nach Lösungen bei festgefahrenen Lernblockierungen suchen. Elfie Schloter, langjährige Leiterin der Starnberger Beratungsstelle für Kinder, Jugendliche und Familien, hat in eigener Initiative 1994 einen »Verein zur Förderung der Zusammenarbeit im Erziehungsbereich« gegründet. Wissend, dass die öffentlichen Haushalte mit anderen Aufgaben überlastet sind, scheint mir der Anstoß zu neuen Wegen für Hilfe von privater Seite ein sinnvolles Zeichen für die Verantwortlichkeit von Erwachsenen der nachfolgenden Generation gegenüber.

15. Zur Klärung des weit verbreiteten Irrtums, Individuum und Gesellschaft seien zwei getrennt voneinander bestehende Bereiche, diese Überlegung: »Was kann ich als Einzelner schon gegen die Gesellschaft tun?« In dieser Frage schwingt diese Fehlvorstellung mit. Sie kann die fatalen Folgen haben, ein Feindbild gegenüber der Gesellschaft zu entwickeln und sich selbst gar nicht als Teil dieser abgelehnten Gesellschaft wahrzunehmen. Die unauflösbare Verflechtung zwischen beiden Bereichen ist für den Interessierten in dem spannenden und ausführlichen Buch von Norbert Elias *Über den Prozess der Zivilisation*, erschienen im Suhrkamp Verlag, gut nachzulesen.

16. Zitiert aus: *Das Ende des Individualismis*, im Verlag Bonn Aktuell 1993 erschienen. Dies ist ein Buch, welches die Verfasser Meinhard Miegel und Stefanie Wahl im Auftrag des Bundesministeriums für Forschung und Technologie erstellt haben. Ihre umfassenden Untersuchungen lassen die beiden Autoren zu dem Ergebnis kommen, dass sich die Bevölkerungen der hochindustriellen Länder in einer demografischen Zwickmühle bewegen, die leicht zum Verlust ihrer kulturellen Identität führen kann. Dies ist ein

aufschlussreiches Buch für Interessierte, die genaue Informationen über die selbstzerstörerische Kehrseite des Individualismus suchen.

17. Der bewundernswerte Viktor Frankl, der 1994 auf einem Weltkongress in Hamburg den zuhörenden Therapeuten leidenschaftlich zurief, den Menschen nicht nur von Lust und Macht bestimmt zu sehen, sondern ihn auch vom Bedürfnis nach Sinn betrachten zu lernen, fasst seine Definition von Selbstverwirklichung so zusammen: »Sich selbst verwirklichen kann der Mensch nur in dem Maße, in dem er sich selbst vergisst, in dem er sich selbst übersieht.« Frankl hat mit seinem Leben bestätigt, dass er zu einer solchen Selbstverwirklichung in der Lage ist.

18. In meiner Praxis habe ich viele Frauen erlebt, die sehr irritiert durch die Bücher von Alice Miller waren. Sie setzt sich vehement gegen jeglichen Erziehungseinfluss ein. Wenn hier nur auf ihre biologische Sicht eingegangen wird, muss der Leser wissen, dass damit nur ein Teil ihrer pädagogischen Meinung genannt ist. Ich beziehe mich hier zum Beispiel auf ihre Mitteilung, dass Säuglinge, die neun Monate lang gestillt werden, von allein die Brust dann nicht mehr annehmen. Man brauche sie nicht erst dazu zu erziehen. Viel schwerer wiegt aber der Umstand, dass Alice Miller aufgrund ihrer Analysen mit Erwachsenen auf antipädagogische Appelle drängt. Soweit mir bekannt ist, hat sie keine konkreten Beobachtungen mit Mutter und Kind gemacht. Wie viele neue Erkenntnisse die Beobachtungen an »realen« Säuglingen erbringen, zeigt in erfreulicher Weise die moderne Säuglingsforschung. Diese neuen Wege werden mit dazu beitragen können, den theoretischen Überlegungen und Hypothesen den Stellenwert zu geben, den sie verdienen.

19. In einem der neueren Konzeptbücher für Erzieherinnen zeigt Sigurd Hebenstreit, Professor für Allgemeine Pädagogik, unter dem Titel *Kindzentrierte Kindergartenarbeit* Grundlagen für die angestrebte intensivere Beziehungsarbeit auf. Hier schreibt nicht nur ein vielseitig instruierter Theoretiker, sondern zugleich ein Praktiker. Für Erzieherinnen, die einen langen Atem zum Lesen haben, ist dieses im Herder Verlag erschienene Buch sehr zu empfehlen.

Kinderwunsch – die Geburt und wie es danach weitergeht

Sheila Kitzinger
Schwangerschaft und Geburt bewußt und selbstbestimmt erleben
dtv 36016

T. Berry Brazelton
Babys erstes Lebensjahr
dtv 36500

Monika Arndt
Das Baby-Kochbuch
Gesunde Ernährung für Ihr Kind
dtv 36536

Nasma Scheibler-Shrestha
Ruth Lehmann
Babymassage
Die Sprache der sanften Berührung in der Newar-Tradition
dtv 36091

Penelope Leach
Die ersten Jahre deines Kindes
Ein Handbuch für Eltern
dtv 36005

Christine Lauterbach,
Ulrike Schroeder
Kinder homöopathisch behandeln
dtv 36035

Dr. med. Nora Bergen
Allergie bei Kindern
Umweltschadstoffe, Nahrungsmittel- und Inhalationsallergien
dtv 36517

Eva Zeltner
Mut zur Erziehung
dtv 36048
Weder Macho noch Muttersöhnchen
dtv 36123

Brigitte Beil
Gutes Kind, böses Kind
Warum brauchen Kinder Werte?
dtv 8424

Maria Montessori
Kinder sind anders
dtv 36047

Jirina Prekop
Der kleine Tyrann
Welchen Halt brauchen Kinder?
dtv 36050

Ulla Rahn-Huber
Der ultimative Survival-Guide für junge Eltern
dtv 36167

...Eltern sein dagegen sehr

Erziehungsberater im <u>dtv</u>

Bruno Bettelheim
Kinder brauchen Märchen
<u>dtv</u> 35028

Bruno Bettelheim
Karen Zelan
Kinder brauchen Bücher
Lesen lernen durch
Faszination
<u>dtv</u> 35026

Rudolf Dreikurs
Erik Blumenthal
Eltern und Kinder –
Freunde oder Feinde?
<u>dtv</u> 35003

Kinder verstehen
Ein psychologisches
Lesebuch für Eltern
Herausgegeben von
Sophie von Lenthe
<u>dtv</u> 35017

Maria Montessori
Kinder sind anders
<u>dtv</u> 36047

Gerlinde Ortner
Märchen, die Kindern
helfen
Geschichten gegen Angst
und Aggression und was
man beim Vorlesen wissen
sollte
<u>dtv</u> 36107

Gerlinde Ortner
Neue Märchen, die
Kindern helfen
Geschichten über Streit,
Angst und Unsicherheit
und was Eltern wissen
sollten
<u>dtv</u> 36154

Jirina Prekop
Der kleine Tyrann
Welchen Halt brauchen
Kinder? · <u>dtv</u> 36050

Jirina Prekop
Christel Schweizer
Unruhige Kinder
Ein Ratgeber für beun-
ruhigte Eltern
<u>dtv</u> 36030

Lawrence E. Shapiro
EQ für Kinder
Wie Eltern die Emotionale
Intelligenz ihrer Kinder
fördern können
<u>dtv</u> 36121

Eva Zeltner
Mut zur Erziehung
dtv 36048
Weder Macho noch
Muttersöhnchen
Jungen brauchen eine neue
Erziehung
<u>dtv</u> 36123

...Eltern sein dagegen sehr

Erziehungsberater im dtv

Jeffrey L. Brown
Keine Räuber unterm Bett
Wie man Kindern Ängste nimmt
dtv 36093

Was macht ihr für Geschichten?
Ausdrucksformen des kindlichen Erlebens
Herausgegeben von Reinhard Fatke
dtv 35136

Klaus Fritz
Ein Sternenmantel voll Vertrauen
Märchenhafte Lösungen für alltägliche Probleme
dtv 36120

Allan Guggenbühl
Die unheimliche Faszination der Gewalt
Denkanstöße zum Umgang mit Aggression und Brutalität unter Kindern
dtv 36025

Gerhard W. Lauth
Peter F. Schlottke
Kerstin Naumann
Rastlose Kinder, ratlose Eltern
Hilfen bei Überaktivität und Aufmerksamkeitsstörungen · dtv 36122

Jane Nelsen
Lynn Lott
H. Stephen Glenn
Der große Erziehungsberater
Antworten auf Elternfragen von Abhängigkeit bis Zuhören · dtv 36095

Dagmar C. Walter
Autogenes Training für Kinder
Phantasiereisen zum Entspannen
dtv 36092

Dagmar Wolf
Babysitter, Hort & Co.
Ratgeber zur Kinderbetreuung · dtv 36094

Kleine Unruhegeister brauchen Hilfe

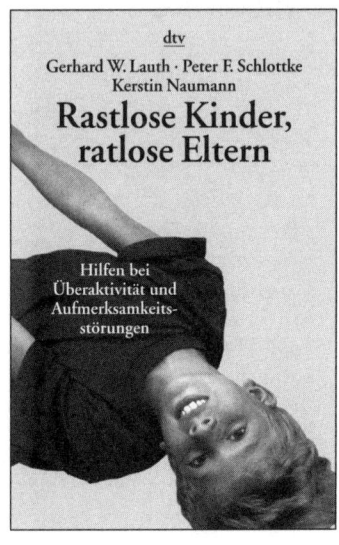

Gerhard W. Lauth
Peter F. Schlottke
Kerstin Naumann

**Rastlose Kinder,
ratlose Eltern**

Hilfen bei Überaktivität und
Aufmerksamkeitsstörungen
Originalausgabe
dtv 36122

In diesem umfassenden und kompetenten Ratgeber finden Eltern, Lehrer und Erzieher alles über Ursachen, Erscheinungsbild und Behandlung von Aufmerksamkeitsstörungen und Überaktivität.

- Was ist aufmerksamkeitsgestört?
- Was Eltern im Alltag tun können
- Zusammenarbeit mit der Schule
- Psychologische Behandlung
- Behandlung mit Medikamenten
- Diättherapie
- Mit einem ausführlichen Anhang

dtv

Abservierte Männer, Kinder ohne Väter – Opfer eines hunderttausendfachen Scheidungskrieges

Karin Jäckel
Der gebrauchte Mann
Abgeliebt und abgezockt – Väter nach der Trennung
dtv premium 15103

»Meine Anklage gilt nicht den Menschen, die ihre Ehe
oder eheähnliche Beziehung auflösen.
Ich prangere nur das Wie an.«

Jede dritte Ehe in Deutschland wird geschieden, und in knapp der Hälfte gibt es gemeinsame Kinder. In der Regel bleiben diese bei den Müttern, und die Männer werden zu Besuchspapas und Zahlvätern degradiert, die sich den ersehnten Kontakt zum eigenen Sprößling bitter erkämpfen müssen.

Wie diese in Scheidungsfällen ganz alltägliche Situation von den Betroffenen erlebt wird, dokumentiert Karin Jäckel in dieser Sammlung authentischer Lebensgeschichten, die den Blick vom Leid der Frauen an zerbrochenen Familien auf das der Männer und der gemeinsamen Kinder lenkt.

»Karin Jäckels schockierender Sozialreport macht darauf
aufmerksam, daß hier sozialer Zündstoff entsteht,
der uns alle angeht – nicht nur ein paar zornige Mütter,
verletzte Väter und verzweifelte Kinder.«
Eva Herold-Münzer

dtv

Liebe – Ehe – Partnerschaft

Alexandra Berger,
Andrea Ketterer
**Warum nur davon
träumen?**
Was Frauen über Sex
wissen wollen
dtv 20017

Barry Dym,
Michael L. Glenn
**Liebe, Lust und
Langeweile**
Die Zyklen intimer Paar-
beziehungen
dtv 35132

Erich Fromm
Die Kunst des Liebens
dtv 36102
**Liebe, Sexualität und
Matriarchat**
Beiträge zur Geschlechter-
frage
dtv 35071

Karl Grammer
Signale der Liebe
Die biologischen Gesetze
der Partnerschaft
dtv 33026

Hugh Mackay
**Warum hörst du mir
nie zu?**
Zehn Regeln für eine
bessere Kommunikation
dtv 36546

Anne Wilson Schaef
Die Flucht vor der Nähe
Warum Liebe, die süchtig
macht, keine Liebe ist
dtv 35054

Peter Schellenbaum
**Die Wunde der
Ungeliebten**
Blockierung und
Verlebendigung der Liebe
dtv 35015
Das Nein in der Liebe
Abgrenzung und Hingabe
in der erotischen
Beziehung
dtv 35023
**Aggression zwischen
Liebenden**
Ergriffenheit und Abwehr
in der erotischen
Beziehung
dtv 35109

Laurie Schloff,
Marcia Yudkin
Er sagt, sie sagt
Die Kunst, miteinander
zu reden
dtv 8429

Judith S. Wallerstein,
Sandra Blakeslee
Gute Ehen
Wie und warum die Liebe
bleibt
dtv 36119

Märchen – psychologisch gedeutet

Eugen Drewermann
**Lieb Schwesterlein, laß
mich herein**
Grimms Märchen tiefen-
psychologisch gedeutet
dtv 35050

Eugen Drewermann
**Rapunzel, Rapunzel, laß
dein Haar herunter**
Grimms Märchen tiefen-
psychologisch gedeutet
dtv 35056

Verena Kast
**Mann und Frau im
Märchen**
Märchen psychologisch
gedeutet
dtv 35001

Verena Kast
Wege zur Autonomie
Märchen psychologisch
gedeutet
dtv 35014

Verena Kast
**Wege aus Angst und
Symbiose**
Märchen psychologisch
gedeutet
dtv 35020

Verena Kast
Märchen als Therapie
dtv 35021

Verena Kast
**Familienkonflikte im
Märchen**
Märchen psychologisch
gedeutet
dtv 35034

Verena Kast
Vom gelingenden Leben
Märcheninterpretationen
dtv 35157

Gerlinde Ortner
**Märchen, die Kindern
helfen**
Geschichten gegen Angst
und Aggression und was
man beim Vorlesen wissen
sollte
dtv 36107

Gerlinde Ortner
**Neue Märchen, die
Kindern helfen**
Geschichten über Streit,
Angst und Unsicherheit,
und was Eltern wissen
sollten
dtv 36154

Klug mit Gefühlen umgehen

Daniel Goleman
EQ. Emotionale Intelligenz
<u>dtv</u> 36020

»EQ statt IQ« heißt die neue griffige Erolgsformel, mit der Daniel Golemans internationaler Bestseller einen Nerv unserer Zeit trifft.

Daniel Goleman, Paul Kaufman, Michael Ray
Kreativität entdecken
<u>dtv</u> 36136

Kreativität fällt nicht vom Himmel. Aber wir alle können lernen, die schlummernden Ideen in uns zu wecken.

Die heilende Kraft der Gefühle
Hrsg. von Daniel Goleman
<u>dtv</u> 36178

In einem spannenden Dialog zwischen westlichen Wissenschaftlern und dem Dalai Lama erfahren wir, wie die Geisteswissenschaften des Ostens von bahnbrechenden Ergebnissen der Naturwissenschaften des Westens bestätigt werden.

Lawrence E. Shapiro
EQ für Kinder
<u>dtv</u> 36121

Dieses Buch zeigt, wie Eltern Einfühlungsvermögen, Kontaktfreudigkeit, Ausdauer und Selbstvertrauen ihrer Kinder fördern können.

Claude Steiner
Emotionale Kompetenz
<u>dtv</u> 36157

Claude Steiner führt Golemans Anregungen, die Emotionalität neu zu bewerten, weiter und setzt sie in die Praxis um. Er stellt ein Trainingskonzept in zwölf überschaubaren und einfach nachzuvollziehenden Schritten vor.